Paulus Johannes Lehmann:

Ein Haus gewachsen wie ein Baum

Paulus Johannes Lehmann:

Ein Haus gewachsen wie ein Baum

Ökologisch denken – biologisch bauen – einfach und sinnvoll leben

© pala-verlag, Darmstadt, 1995
Deutsche Erstausgabe
ISBN: 3-89566-111-2
Lektorat: Ute Galter
Titelgestaltung: Traudel Hagmann
Zeichnungen: Gottfried Graupner,
Paulus Johannes Lehmann, Carbike

Druck: Fuldaer Verlagsanstalt
Printed in Germany

Dieses Buch (Innenteil und Umschlag) ist auf
Papier aus 100 % Recyclingmaterial gedruckt

Inhalt

Dankesworte

Dieses Buch wäre nie geschrieben worden, wenn nicht rund zweihundert Menschen, Laien und Fachleute, Kinder und Erwachsene, Arbeitslose und Stellensuchende, wandernde Handwerker und seßhafte Profis, Hausfrauen und Alleinerziehende, Praktikanten und Bauhelfer - nach dem Motto »helfen & lernen« - mit Hand angelegt und eigene Ideen eingebracht hätten.

Ihnen allen, deren Namen ich zum Teil nicht mehr kenne, deren Wirken und Werkeln, deren anonyme Basisarbeit und deren oft skurrile Lehmkunstwerke ihre Spuren hinterließen und schöne, nachhaltige Erinnerungen an ein Stück gemeinsamen Weges darstellen, ihnen möchte ich vorab herzlich danken, dafür, daß sie sich auf dieses gemeinsame Hausbau-Abenteuer eingelassen haben, daß sie, neben dem Arbeiten, oft auch eine bleibende Erinnerung an eine tiefergehende menschliche Begegnung wachsen ließen...

Paulus Johannes Lehmann

Achberg, im Juli 1995

Vorbereitung und Vorgeschichte

Von der Idee bis zum Start

Ökologisches Bauen setzt ökologisches Denken voraus, und das wiederum ist ein Bewußtwerdungs-Prozeß, der sich aus Erfahrungen und Erkenntnissen langsam entwickelt. Als Kind lebte ich auf dem Lande. Später war ich Landhelfer im Landjahr, und nachdem ich eine Landwirtschaftslehre abgeschlossen hatte, arbeitete ich als Volontärverwalter auf kleineren und größeren Höfen in der Rheinpfalz. Dann wollte ich Pferdezuchtwart oder Reitlehrer werden. Mit dem stärker werdenden Traktorenaufkommen wurden die Pferde jedoch reihum als Zugtiere abgeschafft, so daß ich mich Anfang der 50er Jahre schließlich für die Milchwirtschaft entschied, eine Milchkontrolleur-Ausbildung absolvierte, mich mehrere Jahre als (bereits motorisierter) Wandermelklehrer in der Eifel betätigte und schließlich Agrarwissenschaft studierte, weil ich mir damit mehr Chancen ausrechnete. Weiterhin begann ich, meine Agrarfacherfahrungen aus der vielfältigen Praxis heraus (die den Weinbau an der Nahe bei meinem Vetter Ernst mit einschloß) gelegentlich auch fachjournalistisch zu verbreiten.

Ökologische Aspekte waren damals noch kein Thema. Sie wurden weder in der Lehre, noch im Studium und auch nicht in der Agrarpraxis beachtet. Das galt auch für den biologischen Anbau. Ich wußte damals noch nicht, daß es gerade in Deutschland durchaus einzelne Höfe gab, die seit den 20er Jahren nach den Grundsätzen Rudolf Steiners sozusagen anthroposophisch bewirtschaftet wurden und bei denen die Gesunderhaltung von Boden, Tieren und Menschen durchaus ein tragendes Element bildete.

Offenbar wurde und wird den meisten Menschen das zur echten Lebensbewältigung Wesentliche nicht an der Wiege gesungen; und jene, die es hören könnten, hören zunächst einmal weg. Mit anderen Worten: Das was uns geschenkt oder gar nachgeworfen wird, schätzen wir meist wenig. Um das, worum wir uns bemühen bzw. für das wir uns sogar besonders anstrengen müssen, wird uns nach und nach erst wertvoll. So ist der Mensch...

Zur Ökologie kam ich erst spät und sehr langsam. Ich konnte wohl nicht glauben, daß es da wirklich noch etwas Sinnvolles, ja vielleicht sogar etwas Wichtigeres geben könnte, als das, was meine Lehrherren mir beigebracht hatten und als ich im Studium zu hören bekam. Zudem stand die Umweltproblematik damals, in den 50er und 60er Jahren, noch keineswegs auf der Tagesordnung.

Nach ausgiebigem Literaturstudium und vielen Gesprächen mit Menschen, die über Ökologie mehr wußten und ihre Lebensweise teilweise auch schon nach ökologischen Kriterien ausgerichtet hatten, reifte in mir Anfang der 80er Jahre mehr und mehr der Entschluß, meine Agrarmanager-Tätigkeit zu beenden und konsequenter ökologisch zu leben. Vorausgegangen waren Erfahrungen mit der Vollwerternährung (bundesweit führten wir 17 Wochenendkurse durch) und die intensive Beschäftigung mit den Ein- und Auswirkungen der Körperhüllen (d. h. der Kleidung) auf den Menschen.

Von der Naturkleidung zum ökologischen Haus

1970 ließen wir ein damals nach dem sogenannten »Stand der Technik« ausgestattetes modernes Haus bauen, bei dem nach späterer Erkenntnis in biologischer Hinsicht eigentlich alles verkehrt gemacht worden war. Ein gutes Jahrzehnt später, beim Bau meines zweiten Hauses, wollte ich es nun richtig und weitgehend selbst machen, d. h.) einfach sehen, wie es mir als Baulaie ergehen würde und welche Möglichkeiten es gäbe, sowohl gesund, d. h.) baubiologisch, als auch preiswert zu bauen.

Zuvor hatte ich zweimal intensiv versucht, mit anderen, gleichgesinnten Menschen so etwas wie eine ökologische Wohn- und Lebensgemeinschaft zu gründen (das Wort »Ökosiedlung« gab es Anfang der 80er Jahre noch nicht), was jedoch letztlich scheiterte. Resignieren war jedoch nicht meine Art, und so machte ich mich zunächst allein auf den Weg, wobei ich allerdings nicht ahnte, daß dieses Öko-Modellhaus bei Lindau am Bodensee schließlich mit jedem Jahr mehr Menschen anziehen würde, die ähnlich denken und fühlen. Ich hätte nicht gedacht, daß schon während der Bauphase Hunderte, ja Tausende von neugierigen bis ernsthaft interessierten Zeitgenossen einzeln und bald busweise zu den »Tagen der offenen Tür« anreisten. Auch konnte ich mir nicht vorstellen, daß so viele Menschen an Kursen teilnehmen würden und über 200 Helferinnen und Helfer aus verschiedenen europäischen Ländern praktisch handwerklich mitmachen wollten.

Schließlich ahnte ich nicht, daß manche gute ökologische Idee, aber auch manches originelle Lehmkunstwerk in dem damals kaum vorstellbaren langen Bauzeitraum von gut zehn Jahren sich zu einem ausgewachsenen Ökohaus verdichten würden und daß dieses einfache und schlichte Eineinhalbfamilienhaus im Oberallgäu von vielen Menschen praktisch mitgestaltet und gedanklich gemeinsam entwickelt werden würde. Es gab allerdings immer wieder besonders feinfühlige Besucherinnen, die spontan sagten, sie könnten spüren, daß das Haus besonders viel gute Lebensenergie ausstrahle, die vermutlich von den vielen begeisterten Mitmachern zuvor eingebracht, ja »eingebaut« worden sein mußte...

Wo gründen – wie bauen?

Dem praktischen Baubeginn im Winter 1984 ging eine mehrjährige Informations- und Orientierungsphase voraus, und ich kann heute rückschauend feststellen, daß das eine der besten Investitionen war. Diese Informationsphase sollte in jedem Fall ernst genommen und nicht zu kurz bemessen werden. Mir blieben auf diese Weise viele Fehler (die andere bereits gemacht hatten und die ich so vermeiden konnte) erspart. »Hinschauen, mitmachen« war also im Vorfeld mein Anliegen, was sich dann auch als der Kostensparfaktor Nr. 1 erwies.

Kostensparfaktor Nr. 2 waren »Recyclingmaterialien«. Es ging kein Sperrmülltermin in der Umgebung vorbei, ohne daß ich mit dem alten Ford-Kombi und neuem Hänger unterwegs war und einsammelte, was andere nicht mehr wollten. Es mußte aber gute Qualität sein! So kam ich beispielsweise an gebrauchte 50 Jahre alte Dachplatten mit wunderschönem Naturbrand, und Dachdeckermeister Arnold Schoenmann, der das Dach mit seinen drei flinken Gesellen in zwei Tagen deckte, meinte, so gute Dachplatten könne er heute neu gar nicht mehr liefern. Dabei haben sie nur ein Zwanzigstel des Preises für neue Dachplatten gekostet. Bis es zum Dachdecken kam, mußte allerdings erst mal der Standort gesucht und ein passendes Grundstück gefunden werden; kurzum: Es mußte entschieden werden, wo ich zukünftig leben und wirken wollte.

Für die meisten Menschen wird die Standortwahl direkt oder indirekt durch den Arbeitsort entschieden. Für mich als inzwischen selbständig tätiger Journalist, Schriftsteller und Vortragsreisender zwischen Wien und Münster/Westfalen, Meran und Rostock war es fast gleich, wo ich wohnte und arbeitete. Da jedoch im süddeutschen Bereich die weitaus größere Nachfrage nach meinem Wissen und den in den verschiedenen Bereichen gewonnenen Erfahrungen bestand (Pyramidenenergie, Naturkleidung, Ökotechnologien), zog es mich in das romantische, verträumte Oberschwaben nach Achberg, einer 1200 Seelen-Gemeinde. Zwar meinten manche

Freunde später, daß ich mit meinem aus allen Rahmen fallenden Ökohaus besser in die Einöde statt in eine Nobel-Bungalow-Siedlung gegangen wäre, aber wer weiß schon im voraus, was alles passiert, wenn man eigentlich nur friedlich und bescheiden leben möchte, aber darunter etwas völlig anderes versteht, als die gesamte Nachbarschaft... Fazit: Manchmal ist es sicher besser, wenn man das nicht vorher weiß. Wir wissen ja auch nicht, was uns beschieden ist, an welchen Herausforderungen wir wachsen und uns bewähren sollen, auch und gerade wenn wir sie nicht suchen.

Höhenlage und Himmelsrichtung

In der Meteorologie, der Psychologie und vor allem in der Baubiologie wird häufig darauf hingewiesen, daß unter 500 m über NN ein sogenanntes »Belastungsklima« herrscht. Zwischen 500 und 750 m gebe es das für die meisten Menschen zuträglichste »Schonklima« und über 750 m über NN schließlich das sogenannte »Reizklima«, das für Urlauber durchaus heilsam sein könne, sich aber nicht für alle Menschen als Dauerwohnsitz eigne. Dies sollte man möglichst einige Monate lang erproben. Mit genau 550 m über NN liegen wir an sich optimal, dazu mit Blick auf den Bodensee in 10 km Entfernung und auf die Schweizer Berge, die trotz der rund 60 km Entfernung oft zum Greifen nahe erscheinen.

Die Grundstücksauswahl reduzierte sich auf den letzten Bauplatz in dieser Straße, direkt am Waldrand. Zum Glück liegt das Haus westlich der Straße, so daß die Abendsonne mit vielen wunderschönen Sonnenuntergängen zur straßenabgewandten Westseite liegt und sich der hauslange Balkon als idealer »Feierabendplatz« und als Freiluftschlafplatz anbot und bewähren sollte. Die Haus-Achse wurde absichtlich exakt auf die Nord-Süd-Richtung und zwar nach dem magnetischen Nordpol ausgerichtet (wegen der optimalen

Schlafplatzrichtung, wegen der Solar-Trocknungs-Pyramide für Heilkräuter, Obst und Gemüse und schließlich vor allem wegen der am Südgiebel quer auf den Anlehnwintergarten aufgelegten Solartechniken für Warmwasserbereitung, für photovoltaische Solarstromerzeugung und für sonnenerwärmte Trocknungsluft, die in den Solartrockner geführt wird.

Das Grundstück selbst ließ ich gleich zu Beginn durch den damals noch lebenden Rutenmeister Wilhelm Meseck durch Fernmutung (von Frankfurt aus) nach dem Grundstücksplan untersuchen. Die Baupläne entwarf mein Architekt Willibald Rapp aus Sonthofen. Sinnvoll ist es durchaus, sich ein kleines, maßstabgetreues Modell vom zukünftigen Eigenheim zu bauen, weil man sich dann als Laie leichter vorstellen kann, was man zu erwarten hat; auch kann man dann geistig bereits darin wohnen.

Die erste Phase
des Projektes

Das ökologische Baumaterial

Ökologisches Baumaterial muß baubiologischen Kriterien standhalten, d. h. es darf keine oder nur geringe gesundheitsbeeinträchtigende Wirkungen nach sich ziehen bzw. positiv ausgedrückt: Es soll möglichst gesundheitsfördernde Auswirkungen aufweisen.
Beginnen wir die kritische Betrachtung mit dem Erd- und Steinmaterial. Nach den Richtlinien des Instituts für Baubiologie und Ökologie, Neubeuern (IBN), sind die in Massen verwendeten, besonders im ständigen Aufenthaltsbereich des Menschen eingesetzten mineralischen Materialien vorzugsweise (in absteigender Linie):
○ luftgetrocknete Lehmsteine, Lehmstampf- oder Flechtwände,
○ nicht zu hart gebrannte Tonziegel,
○ unbelastete Kalkbruchsteine,
○ unbelasteter Ölschiefer und
○ unbelasteter Sandstein.

(Übrigens ergibt sich die Farbe bei Lehm, Ton und Steinen grundsätzlich aus den natürlich vorkommenden Beimengungen von Metall- bzw. Mineralsalzverbindungen; so färbt z. B. Eisenoxid das Material mehr oder weniger stark rot.) Bevor man sich für ein Baumaterial entscheidet und es in Mengen bestellt, ist es ratsam, von einem neutralen Institut (z. B. dem IBN) chemisch-physikalische Untersuchungen auf Schadstoffbelastungen vornehmen zu lassen und den Baumateriallieferanten zu verpflichten, das gleiche (geprüfte) Material bei allen eventuellen Folgebestellungen zu liefern. Weniger empfehlenswert im direkten menschlichen Wohn- und Lebensbereich (inklusive Ruhezonen wie Terrassen und Balkons) sind nach den IBN-Kriterien: Granit-, Basalt- und Porphyr-Steine, weil diese (meist als Eruptiv-Gestein) aus tieferen Erdschichten hochgekommen sind und daher eine härtere, d. h. weniger biologisch günstige Ausstrahlung haben. Während beispielsweise Basalt wegen seiner extremen Härte bevorzugt für Straßenpflaster verwendet wird – was dort auch angebracht ist, weil es von Mensch und Tier nur kurzzeitig begangen wird –, wäre dieses Material auf der Liegeterrasse im Garten, wo man sich stundenlang aufhält und regenerieren möchte, nicht zu empfehlen.

Holz – ein optimales Baumaterial

Wenn wir die Wahl haben, ist Holz – selbstverständlich unbelastetes – immer noch das beste Baumaterial, auch wenn es zugleich um statische Belange und gesundheitliche Wirkungen geht. (Leider kommen wir ja mit Wolle und Fellen, zumal bei statischen Anforderungen, nicht weit. Sie wären die idealen »Umhüllungsmaterialien« für den Menschen, sowohl bei der Kleidung bzw. Unterwäsche als auch bei der räumlichen Umfeldgestaltung, der menschlichen Behausung.) Bei einer qualitativen Abstufung der Baumaterialien rangieren nach den Tierhaaren (Wolle oder Seide) zunächst das Pflanzenmaterial wie Holz und holzähnliche Stoffe, und danach kommt erst das Mineralreich (Lehm, Erde, Steine).
Wer sich hierüber vertiefend orientieren möchte – und für ein Haus, das einige hundert Jahre alt werden kann, lohnt sich das immer –, sollte die einschlägige baubiologische Fachliteratur gründlich studieren und/oder einen speziellen IBN-Fernlehrgang absolvieren,

bei dem man in einem Studienjahr alles Wesentliche über gesundes und ökologisches Bauen erfahren und bewerten lernt. Bei einem Hausbauobjekt von einigen hunderttausend Mark ist dies gewiß die beste Investition im voraus.

Das Bauholz zum
günstigsten Zeitpunkt fällen

Nachdem ich erfahren habe, daß es jahrhundertealte Bauwerke gibt, die nie mit irgendwelchen Holzschutzmitteln behandelt worden waren und in ehrwürdiger grauer Patina heute noch das Auge des Kenners erfreuen (beispielsweise die 300 Jahre alte überdachte Holzbrücke in Aarau/Schweiz), begab ich mich auf die Suche nach den günstigsten Holzfäll-Terminen. Meine Zimmerleute – in der vierten Generation im Fach – wußten wohl einige Termine und viele bewährte althergebrachte »Holzregeln«, aber über die Fälltermine selbst konnten sie nicht viel sagen.

So sammelte ich von Südtirol, Oberbayern bis hin zum Schwarzwald alles, was ich an Hinweisen und Empfehlungen finden konnte, und ließ mir das Aussortierte sowohl von dem Architekten Wolfram Graubner als auch von Maria Thun (Herausgeberin der »Aussaattage«) bestätigen. Demnach sollte das Bauholz zu folgenden Terminen geschlagen werden:

○ bei *absteigendem* Mond (nicht mit dem abnehmenden Mond verwechseln!), d. h. während der »Pflanztage« (nach dem Aussaattage-Kalender) sowie

○ bei zunehmendem Mond (am besten kurz vor Vollmond), aber

○ nicht an den sogenannten *»Blatt«*-Tagen (vgl. Aussaattage-Kalender).

Nun, meine beiden Zimmermanns-Brüder waren verständlicherweise äußerst skeptisch. »Sollte es da wirklich Termine geben, die wir noch nicht einmal wissen?« So oder ähnlich mögen sie vor der Bauphase wohl gedacht haben. Um so überraschter und erfreuter war ich, als sie nach dem Aufbau des grazil anzuschauenden Holzfachwerkes beim Richtfest (nach der dritten Flasche Bier...) offen zugaben, daß sie in ihrer vierzigjährigen Zimmermanns-Praxis noch nie ein so *leichtes* (d. h. saftarmes, gegen Holzschädlingsbefall weitgehend immunes) Bauholz verarbeitet hätten. Ab diesem Zeitpunkt waren wir nicht nur Freunde, sondern wir konnten uns über manches, das (noch nicht) in den Lehrbüchern steht, tiefergehend austauschen.

Recyclingmaterial-Empfehlungen für den preiswerten Ökohausbau

In unserem Ökohaus haben wir u. a. folgende gebrauchte, jedoch gut erhaltene Materialien verwendet:

- Dachplatten (vorzugsweise Ton-Falz-Ziegel, z.T. auch handgestrichene Biberschwänze; auf der Garage ca. 25 Jahre alte Betondachplatten)
- Keramik im Sanitärbereich (Waschbecken verschiedener Größe und Ausführung)
- Lampen und Beleuchtungskörper (zum Teil recht originelle)
- Fenster und Türen (z. B. eine alte Fichtenholztür mit Originalbeschlägen)
- Stühle und Tische (teilweise gut erhalten) und auch solide alte Bettgestelle (die Matratzen-Innereien *alter* Bauart lassen sich gut kompostieren)

Eigentlich war es ursprünglich gar nicht unsere Absicht, Recyclingmaterial zu sammeln. Der Pkw-Anhänger verführte dann allerdings regelrecht zum »Auf-die-Suche-fahren«, wenn Sperrmüll angesagt war. Meist fand man zwar nicht das Gesuchte, dafür aber manches

Originelle (z. B. frisch gewaschene Flokati-Teppiche oder drei alte Handsägen eines ehemaligen Schreiners). Da konnten wir einfach nicht achtlos vorbeifahren. Die Retourkutsche: Wie nun das gesammelte Sperrgut, das wir wirklich nicht brauchen, wieder loswerden?

Es lohnt sich, noch vor Beginn der Bauphase eine größere alte Scheune anzumieten oder eine ausrangierte Baracke aufzustellen, um darin das gesammelte Recyclingmaterial (gut sortiert!) einzustapeln. Bei den Fenster- und Türen-Rohbaumaßen kann dann manches gleich von vornherein mit eingeplant werden. Im deutschen Wohlstands-Westen gibt es auch heute noch unvergleichlich viel brauchbaren Sperrmüll. Die Arbeitslosen-Selbsthilfe in Lindau, die alte Wohnungen auflöst, d. h. ausräumt und das Beste in ein großes Lager einräumt, ist da für uns eine gute Fundgrube geworden. Für ein paar Mark kann man meist gezielt das mitnehmen, was gerade gesucht wird.

Ton statt Lehm

Woher nur soll man den sprichwörtlich guten Lehm nehmen, wenn beim Bauaushub nur lehmiger Endmoräneboden mit sehr vielen Kieselsteinen zutage tritt, der so allenfalls in die Lehmdecken eingefüllt werden kann, für differenzierte Lehmbautechniken aber nahezu unbrauchbar ist? Ziegeleien wurden von alters her übrigens immer nur dort errichtet, wo die Lehmvorkommen für Ziegelsteine eine von Natur aus optimale Zusammensetzung hatten. So ersparte man sich viele Mischarbeiten.

Uns blieb nichts anderes übrig, als letztlich fetten Keramik-Ton aus 25 km Entfernung anfahren zu lassen. Für das gesamte Holz-Lehm-Haus benötigten wir insgesamt vier Lastwagen. Dann ging ich auf die Suche nach lehmbaukundigen Kursleitern, denn ich selbst war ja Lehmbau-Laie. Klaus Eckert, Architekt in Schwäbisch-Gmünd (der vier Jahre lang Lehmbau in Afrika »studierte«, bevor

er bei Prof. Dr. Gernot Minke in Kassel die experimentellen Lehmbaukurse organisierte und leitete) war unser erster Kursleiter. Der
zweite – der insgesamt zwölf Kurse bei uns durchführte – war der
Bildhauer und Maler Roger Krötz aus Weil-Beuerbach (vielen als
Lehmofenbaumeister bekannt). Mein Architekt Willibald Rapp aus
Sonthofen bezeichnete unsere »Sommerwerkstatt« denn auch bald
als meditative Baustelle, weil es relativ lautlos und beschaulich zu-
ging, nicht geflucht wurde und wir den Diesel-Estrich-Zwangsmi-
scher, von dem ein enormer Krach und Gestank ausging, von der
Baustelle entfernt hatten. Wir arbeiteten ab dann nur noch in Handarbeit.

Beim Hausbau mehr Zeit lassen

Das hatte ich zwar keineswegs ursprünglich vor, aber es ergab sich
nach und nach von selbst, weil ich im Winter landauf landab noch
immer viele Vorträge hielt und die Sommerwerkstatt viele Interes-
sierte anzog, so daß sich das Sinnvolle mit dem Nützlichen recht
gut verbinden ließ.
Obwohl die Mehrheit des Gemeinderates sowie die kritischeren
Nachbarn der sich hinziehenden Bauphase mit wachsendem Un-
mut begegneten, machte ich mir zunehmend meine eigenen Gedanken über die Bauzeit bzw. die allgemein angestrebte Schnellig-
keit, die für selbstverständlich gehalten wird. Wie gut Ding Weile
braucht, so braucht ein gutes, sich entwickelndes Haus, zumal wenn
so viel wie möglich selbst gemacht werden will, eben auch seine
Zeit. Auf die Schnelle ist da nichts wirklich Originelles und Individuelles zu entwickeln – das muß einfach wachsen und reifen! Beim
Start allerdings war mir dieser Zusammenhang überhaupt noch
nicht so klar. Wenn natürlich die Zinsen davonlaufen (was ich bei
diesem Haus strikt vermieden habe) und sich die Bauherrenschaft
nach dem richtet, »was man sonst tut« oder »was die Verwandten
und die Nachbarn meinen«, dann muß es eben so schnell wie

möglich gehen. Dementsprechend sehen viele Häuser dann auch »wie von der Stange« aus.

Wenn ein Haus einige hundert Jahre in Ehren alt und grau werden soll (ich streiche das Haus deshalb außen auch nicht an – mein Bart wurde schließlich auch nach und nach grauer), muß man auch ein anderes Verhältnis zur Bauzeit suchen und finden. Kinder können mit einer längeren Bauphase übrigens sehr gut leben (alle Nachbarskinder fühlten sich auf unserer »Abenteuer-Baustelle« wie zuhause – vielleicht sogar hier noch mehr...), doch leider die meisten Erwachsenen nicht, weil sie sich nicht trauen, *ihr* persönliches Leben zu leben, sondern nur danach schauen, was die *anderen* denken, sagen und am Stammtisch der Dorfkneipe so von sich geben.

Lehmbautechniken im Ökohaus

Die vielen derzeit diskutierten Lehmbauvarianten lassen sich auf drei klassische Grundtechniken zurückverfolgen, die vor allem für all diejenigen auch heute noch aktuell und sinnvoll sind, die selbst werkeln wollen. Im industriellen Lehmbauteile-Vorfertigungsbereich entwickeln sich darüber hinaus neuerdings weitergehende Verfahren, die allerdings auch eine höhere Technik voraussetzen und an der normalen einfachen Lehmbaustelle bisher kaum Eingang finden konnte. Die *klassischen* Lehmbauverfahren sind:

○ Lehmstampftechnik (zwischen zwei Schalungen, die mit der wachsenden Wand nach oben wandern – unter Dachschrägen etwas schwieriger)

○ Lehmsteine (die in der Regel in vorbereitete Holzformen eingestampft werden, welche in etwa der angestrebten Lehmwandstärke entsprechen sollten. Sie können zur warmen Jahreszeit hergestellt werden, müssen einige Wochen durchtrocknen und können dann, wenn kein starker Frost herrscht, über Winter wie Mauersteine vermauert werden. Auch eine Lehmstrangpresse ist dafür einsetzbar.)

○ Lehmflechtwerk (vor allem im Fachwerk früher üblich gewesen); hierfür werden bevorzugt glatte und biegsame Weidenruten verwendet, die zum richtigen Zeitpunkt frisch geschnitten wurden, oder notfalls auch Haselnußruten oder anderes biegsames Material, das auf Vorrat geschnitten und – wenn es inzwischen trocken geworden war – einige Tage vor dem Gebrauch wieder eingeweicht werden sollte.)

Neuerdings macht die »Lehmstampftechnik« in Gaze-Textilschläuchen von Prof. Dr. Gernot Minke (FEB, Kassel) und die »Lehmspritztechnik« von Hans Bernd Kraus, Aachen, zunehmend von sich reden. Diese Techniken sollte man praktisch an Lehmbaustellen lernen. Zwar gibt es neuere, aktualisierte Literatur zum Thema, aber es geht nichts über die praktische handwerkliche Erfahrung. Allein um die verschiedensten Lehmarten einordnen und richtig handhaben zu können, ist Praxis wichtig, was manch ungute Erfahrung erspart.

Die Hausform

Ehrlich gesagt habe ich bei meinem Ökohaus-Vorhaben über die Hausform eigentlich gar nicht eingehender nachgedacht. Mein Architekt entwickelte daher von sich aus die übliche eckige, »männliche« Schuhschachtel-Form, was auch sonst?
Wohl habe ich immer mal Ideen mit mir herumgetragen, vor allem seit ich 1980 den ersten Pyramiden-Kongreß in Deutschland im verträumten Bad Camberg im Taunus, meinem damaligen Wohn- und Arbeitsbereich, durchgeführt habe und dabei eine Menge über die Wirkungen von Formen und Raumproportionen erfahren habe. Solch ein Pyramidenhaus wäre jedoch wohl kaum genehmigt worden, obwohl es energetisch-feinstofflich hervorragende Einwirkungen bringen kann (die allerdings von den Bewohnerinnen und Bewohnern auch verkraftet werden sollten!). Übri-

gens hat mein Freund Bernd Schenk, der zwischenzeitlich zum »Pyramiden-Architekten« avancierte, weltweit viele Pyramidenbauten aufgesucht und vermessen; er stellte fest, daß sogar die klassischen »Schwarzwald-Häuser« sowie die »Niedersachsen-Häuser« den Dachneigungswinkel der Cheops-Pyramiden in Ägypten aufweisen (sie gehören zu den sieben klassischen »Weltwundern«, die wohl eine Einweihungsstätte der Pharaonen und deren Hohepriester waren). Die energetische Schwingung unter einem solchen 51,5°-Dach ist beachtlich!

Dann schwebte mir ein Sechseck-Haus (Bienenwaben) vor, am liebsten als Atriumhaus (mit Innenhof und großem Baum). Aber auch ein »Schneckenhaus« zog meine ganze Aufmerksamkeit an... Wie es der sogenannte »Zufall« (den es meiner Ansicht nach nicht gibt) wollte, begegnete ich gerade hier auf La Palma, als ich mit dem Buchschreiben beginnen wollte, dem Architekten Heinz Loeffel, der nach langen Studien und rechnerischen Experimenten letztlich zu dem Schluß kam, daß ein *spiralförmig* gebautes Haus den natürlichen Rhythmus von Kosmos und Erde am ehesten widerspiegelt! Dabei stieß er auf logarithmische Zahlenreihen, auf das Yin- und Yang-Prinzip (allerdings ursächlich nicht im Kreis, sondern in einer Ellipse eingebettet). Das »Schneckenhaus« ist hierfür ein grandioses Musterbeispiel: Die geschwungene, runde, dynamische und zugleich rhythmische Form entspricht seiner Beobachtung und Erfahrung nach dem *weiblichen* Prinzip. Gerade bei diesen runden Formen bietet sich Lehm als idealer Baustoff an, da er vielfältig gestaltungsfähig ist. Es wäre sicher nicht nur sehr reizvoll, sondern sinnvoll und logisch, auch hierzulande Lehmhäuser in Kurven und Spiralen zu entwerfen und zu bauen.

Ist jetzt die Zeit dafür reif geworden? Die starren (zugegeben auch langweiligen), geraden und vor allem rechtwinkligen Formen scheinen demnach grundsätzlich überholt. Geniale Seher und Spürer – zu denen gewiß auch in den frühen 20er Jahren Rudolf Steiner gezählt werden muß – ahnten das im voraus und artikulierten es auch. Daß damals dann Beton als Baumaterial bevorzugt wurde, war sicher ein Fehlgriff bei Wohn- und Schulgebäuden; heute weiß man mehr, und die Betonindustrie hat ja selbst den Slogan populär gemacht »Beton – es kommt darauf an, *was* man daraus macht!« Übrigens wurde unser Ökohaus während der letzten Ausbauphase von dem Architekten Reinhard Senkel begleitet, der nicht nur nebenbei indische Musikinstrumente baut, sondern mit diesen auch die optimalen Raumproportionen akustisch zu Gehör bringt. Die von ihm bevorzugten kosmischen Maße sind wohl ganz altes Wissen, das wiederentdeckt und erst von sehr wenigen Planern gezielt eingesetzt wird. Der sagenhafte »Goldene Schnitt« ist darin auch enthalten. Mit anderen Worten: Es ist für das Wohlbefinden der künftigen Hausbewohnerinnen und -bewohner nicht nur wichtig, aus welchen Materialien das Gebäude errichtet wurde, sondern auch, welche Raumverhältnisse sprich Energieschwingungen und -resonanzen darin widerhallen! Mit oft nur geringen Verschiebungen von Wänden (bei den Decken wird es komplizierter) kann ein deutlich anderes, besseres oder eben auch ein deutlich weniger gutes Raum-Resonanz-Klima erzeugt werden. Wahrscheinlich haben diese Optimierungen gerade bei den Rechteckhäusern der zurückliegenden Epochen eine deutliche Raumschwingungsverbesserung ergeben. Bei Spiralen- und Kurvenhäusern erscheint ja alles von Natur aus optimiert.

Viele Menschen empfinden auch ohne dieses Wissen beim Betreten mancher Häuser eine starke Harmonie, wofür eben nicht nur die Einrichtung und Farbe der Räume bestimmend ist, sondern offensichtlich auch die Tatsache, ob Höhe, Breite und Tiefe der Räume in den bisherigen Rechteck-Häusern ausgewogen und in innerer Harmonie zueinander stehen. Eine für die Länge oder Breite das Raumes zu tief hangende Decke kann erdrückend wirken, ein zu schmaler Schlauch von Raum oder Flur wirkt leicht beengend. Es lohnt sich also, über diese Zusammenhänge grundsätzlich *vor* einem Bauvorhaben nachzudenken. Für unser Ökohaus kam sein Wissen leider zu spät - es stand schon...

Von der Südseite präsentiert sich das Ökohaus solar-orientiert: links die vier
Quadratmeter Solarpanele (2. Wahl) in hochgestellter Winterstellung.
Rechts auf dem Wintergartendach die Solar-Warmwasser-Kollektoren;
davor ganz rechts das »Sonnenhäuschen« mit dem Solarkocher.

Wesentliche Details unseres Ökohauses

Handwerksarbeit oder High Tech in Lehm?

Als wir 1984 die Baustelle einrichteten, hatte auch ich ja noch die übliche Vorstellung vom schnellen Fertigwerden. Anstelle des geplanten Super-Holzblockhauses (das rund hunderttausend Mark mehr gekostet hätte – ich wollte mich aber nicht noch einmal bei der Bank verschulden und das Haus über die Zinsen dreimal bezahlen), kam ein schlichtes Holzfachwerk mit Lehmausfachung heraus. Das brauchte mehr Zeit als ein in zwei Wochen von anderen errichtetes Holzblockhaus. So kam ich zu der – ursprünglich durchaus nicht beabsichtigten – Selbstbau-Methode. Eigentlich wollte ich anderes tun wie verstärkt Vorträge und Seminare halten, doch nun mußte ich mich in den Lehm knien, wenn es besonders preiswert und dazu noch grund-gesund werden sollte. Das schien nun tatsächlich mein Weg zu werden, den ich dann auch so konsequent wie möglich gehen wollte.

Als ich mich dann nach eineinhalb Jahren Bauzeit im Oktober 1986 entschlossen hatte, in das recht unfertige Haus einfach einzuziehen (um die täglichen zwei mal fünf Kilometer Weg zu sparen und ständig am Ort der Handlung sein zu können), war gerade in Küche und Schlafraum ein notdürftiger Fußboden und noch nicht einmal eine Haustür am Eingang. Heute weiß ich, eingedenk der vielen verschiedenen Reaktionen der sehr unterschiedlichen Besucherinnen und Besucher, daß Kinder und auch die meisten Männer mit einem solchen Bau-Provisorium durchaus zurechtkommen können (Kinder finden das abenteuerlich und toll), aber nur sehr wenige Frauen. Warum? Haben die meisten von ihnen immer noch den perfekten Haushalt vor Augen oder im Gewissen, vor allem der »lieben Verwandschaft« und möglichen »Besuchern« gegenüber? Oft wird das Ökohaus-Vorhaben von Mitmenschen, die uns eigentlich nahestehen, aber uns deshalb noch lange nicht verstehen müssen, belächelt. Und dann auch noch so eine »unordentliche« ewige Baustelle? Hier reicht bei den meisten Zeitgenossen das Selbstbewußtsein für den eigenen Weg einfach (noch) nicht aus. Nach dem Motto »Ist der Ruf erst ruiniert, lebt es sich ganz ungeniert« können nur wenige Menschen leben, und ich muß selbst zugeben, daß es nicht sooo einfach ist, wie man das mal so locker dahin sagt: Das einfache Leben ist zwar letztlich ganz einfach – es ist nur nicht einfach, allmählich dorthin zu gelangen!

Alles mögliche aus Lehm

Bisher war nur von Lehm-Wänden die Rede. Wir haben darüber hinaus, vor allem auf Roger Krötzens Anregungen hin, vielerlei Lehm- Einrichtungsgegenstände gestaltet, z. B. Lehmbänke, Lehmbrötchen-Sessel, Regale und Borde – sogar ein Lehm-Backhaus, das ein besonders gern fotografiertes Objekt ist, vor allem seit es rundum mit »Je-länger-je-lieber« eingewachsen ist. Wenn man erst einmal erfahren hat, wie sanft und geschmeidig gut aufbereiteter Lehm mit den bloßen Händen verarbeitet werden kann (manche Erwachsene holen mit zunehmender Begeisterung in der Lehmbaustelle das nach, was sie als Kinder nicht durften), eröffnen sich noch viele weitere, vorher ungeahnte Möglichkeiten!

Der Küchenherd

Bei uns war es zunächst der eingebaute Lehm-Küchenherd; hierfür wurde der zu Lehm abgemagerte zuvor viel zu fette Keramik-

Das Backhäuschen im Sonnenhof wurde zum meist fotografierten Objekt. Inzwischen ist das Häuschen fast zugewachsen, mit Brombeeren, Heckenrosen und Je-Länger-je lieber.

Ton aufbereitet und diente vor allem als Lehm-Mörtel. Im weiteren Ausbau kam dann ein umlehmtes Wasserschiff (nach Omas Art) dazu, dann Nischen für die Rotweinflasche, weniger warm plaziert ein Gefach für den Teepilz Kombucha und des weiteren Einschuböffnungen für Samen-Keimgefäße (die wir mittlerweile lieber in Spülsteinnähe aufstellen!); schließlich rundete ein Handtuchtrockner (blanker Haselnußstab in Lehm befestigt) und ein Tellerwärmer-Gefach in halber Höhe das Arrangement rund um den Einbau-Lehmherd ab. Alles ist mit einer sandfarben abgetönten Lehmfarbe (aus der Lehmgrube von Arnach) gestrichen.

Auch beim Anmischwasser für Lehmzubereitungen ist einiges zu beachten: Leitungswasser ist allgemein geeignet. Es kann durch Wasservitalisierungs-Geräte (Martin-Wirbler, Grander- oder Dagn-Geräte, vgl. Wasserqualitäten S. 69) energetisch in der Regel verbessert werden. Der Architekt Bernd Schenk machte um 1980 Versuche mit Wirbelwasser, das sogar bei Betonmischungen erkennbare Verbesserungen brachte (höhere Festigkeit usw.), so daß er jene Mischung als »Bio-Beton« bezeichnete. Auch abgestandenes Brackwasser ist als Anmischwasser durchaus brauchbar. Wegen der monatelangen Wasserknappheit haben wir bei den Lehmbau-Kursen im Frühjahr 1995 auf La Palma Abfallwasser vom Hände- und Wäschewaschen zum Anmischen von Lehm, Sand und etwas Zement (wegen des Außenbereichs-Mauerwerks) verwendet und mußten beim nächsten Regen feststellen, daß dieser Mörtel keineswegs so fest wurde, wie der mit Regen- bzw. Leitungswasser angemischte – bei gleichen Mischungsverhältnissen. Ich möchte also davor warnen, das vermutlich durch die Seifenlauge basisch gewordene Waschwasser für Mörtelzwecke jeglicher Art zu verwenden, um unliebsame Überraschungen von vornherein auszuschließen.

Der Lehmboden

In der Speisekammer haben wir sogar einen Lehmstampf-Boden eingebracht. Dazu wurden der erdfeuchten Lehmmischung etwa 5 % gutes gelagertes Leinöl untergemischt, und der – zwischen Haselnußäste eingestampfte – Boden wurde mehrmals mit Leinölfirnis überstrichen. Lediglich an den Stellen, wo die Speisekammer sehr häufig betreten und der Boden somit extrem strapaziert wurde, zeigten sich nach etwa fünf Jahren deutliche Abrieberscheinungen. Wahrscheinlich wäre es empfehlenswert gewesen, als letzte abschließende Schicht Jutegewebe-Tücher oder relativ glatte alte

Dachplatten einzulehmen, da sie den Abrieb beachtlich mildern, wie wir bei der Lehmtreppe gut beobachten konnten. Diese Jutegewebe gibt es (auch noch ohne Kunstfaserbeimengungen) im Gärtnereibedarfshandel. Damit werden üblicherweise die Wurzelballen von Bäumen und Sträuchern eingeschlagen, so daß diese beim Transport bzw. Umpflanzen nicht zu viel des mit den Faserwurzeln durchwachsenen Mutterbodens verlieren. Diese Jutegewebe gibt es in verschiedenen Breiten (30 bis etwa 150 cm).

»Lehmbrote-Sessel«: Kunstwerke mit Speicherwärme

Eine wirkliche Originalität erlangten die »Lehmbrote-Sessel« im Wintergarten. Den Anstoß dazu gab der Wunsch nach mehr Speichermasse, die von der Sonne tagsüber erwärmt werden kann und dann abends und nachts die eingelagerte Sonnenwärme wieder abgibt.

Lehmbaukünstler Roger Krötz schlug dafür Lehmbrote vor, aus denen dann schließlich, der Handlichkeit wegen, Lehmbrötchen wurden: Diese wurden mit beiden Händen aus der Lehmmasse kräftig durchgeknetet, dann in Brötchenform gebracht und am werdenden Lehmsessel (schließlich wurden daraus zwei Lehmthrone) aufeinander geschichtet. Hier wirkten alle begeistert mit, weil es eine individuelle Gestaltung war und weniger langweilig, als Lehm in gerade Stampfwände zu stoßen oder in Lehmformen zu stampfen.

Die Lehmbrötchen selbst waren – weil handgeformt – schön rund und glatt und bedurften keiner Nachbehandlung. Das Oberteil des Sesselhauptes dagegen, das wir mit Ästen als Bewehrung versteiften, wurde mit glattem Lehmputz versehen und dann später mit der gleichen Lehmfarbe abgeschlämmt. Übrigens haben wir die Lehmbrötchen, als sie durchgetrocknet waren, mit dunkelgrüner Mineralfarbe gestrichen (Lehm nimmt jede Mineral-, d. h. Erdfarbe an), damit – nach dem Motto: je dunkler, desto mehr Speicherwärme – noch mehr Sonnenwärme aufgenommen werden kann.

Zwei Lehmbrote Sessel zieren nicht nur den Wintergarten - sie sind ein beliebter Treffplatz für Zweier-Gespräche. Beide Sessel sind mit kardierten, daumendicken Wollsträngen per Webrechen (einer ganz alten Allgäuer Web-Flechttechnik) ausgekleidet.

Die Lehmsessel, die etliche Zentner Gewicht haben, was statisch vorher abgeschätzt werden mußte, wurden in den beiden letzten Sommern von geschickten Frauenhänden mit einem daumendicken Wollweb-Geflecht nach Alt-Allgäuer Webart bekleidet, da reine Lehmmassen auch im Hochsommer doch relativ kühl bleiben und von vielen daher als leicht unangenehm-kalt empfunden werden können[1]. Im Sitzbereich wurde unter das Geflecht zusätzlich noch eine dicke Wollunterlage gepackt.

Lehmsorten und -farben

Bei jeder sich bietenden Gelegenheit (zumal wenn man noch mit einem Auto unterwegs ist) sollte man sich möglichst Lehm in den verschiedensten Farben mitnehmen. Ein Eimer voll Lehm reicht meist, um einen Raum mit dieser speziellen Lehmfarbe zu gestalten. Wir haben bisher vier verschiedene Lehmfarben im Ökohaus verarbeitet, was zugleich preiswert und originell ist. Gemischt mit feinem Quarzsand im Verhältnis von 1:1 kann diese Farbe als Schlämme mit dickem Quast oder Lammfellrolle auf jeden Putz aufgetragen werden.

Übrigens vertragen auch Räume, die mit einem herkömmlichen Kalk-Sand-Putz ausgestattet wurden, einen schönen, dezenten und das Raumklima verbessernden Lehm-Schlämmen-Anstrich (notfalls die Wand etwas aufrauhen und bei Kalkputz immer vornässen). Besser wäre es natürlich, einen zünftigen Lehmputz aufzutragen; damit muß der Hauseigentümer bzw. die -eigentümerin aber einverstanden sein. Genauso kann man alte gußeiserne Heizkörper, die Hochtemperaturen erzeugen, mit einem Lehm-Sand-Stroh-Gemisch versehen, d. h. sie einpacken und so zu einer Niedertemperatur Heizung machen (das Ganze läßt sich beim Auszug aus der Mietwohnung vorsichtig und ohne Beschädigung des Heizkörpers wieder abnehmen). Die Wärme braucht dann einiges länger, bis sie durchkommt, aber dafür wird sie auch länger gespeichert, d. h. langsamer und ohne Staubverschwelung abgegeben.

Skurrile Besonderheiten mit und aus Lehm

Einiges von dem, was man aus Lehm noch alles machen kann – außer geraden Wänden und lehmgefüllten Decken (für den Hörschallschutz sind Lehm-*Massen* wirklich günstig) –, ist schon angeklungen. Hier nun noch ergänzend einige Besonderheiten und Spezialitäten, die im Laufe der langen Bauphase wachsen und reifen konnten und die wir dann auch verwirklichten:

Die zweite Lehmtreppe Deutschlands führt zum Dachgeschoß. Beidseitig von Stein-Augen geziert, läßt sie sich bequem auch barfuß begehen, denn ab hier nach oben ist grundsätzlich »Pantoffel-Zone«, weil der Lehmanstrich nur bedingt Nässe verkraften kann. Er wird daher jede Woche nur einmal abgekehrt und erhält jährlich einmal einen Frühjahrsanstrich mit Lehmschlämme.

Die Lehmtreppe mit Steinaugen...

...besteht im Prinzip aus Stroh-Lehm-Strängen, die meterlang gedrallt wurden; danach wickelten wir sie um armdicke Haselnuß-Aststücke oder einfach um Latten, die jeweils der Stufenbreite der künftigen Treppe entsprachen und rechts wie links in hochkant feststehende dicke Holzbohlen eingeklinkt waren. Nach dem Antrocknen wurden diese dicken und recht schweren Stroh-Lehm-Wickelrollen oben und unten mit einer steifen, mit Strohhäcksel bewehrten Lehmmasse stufenähnlich verputzt und erst viel später mit Jutetüchern über alten Ton-Dachplatten (als Trittkante vorne) ausgestaltet. Im unteren Treppenteil zieren schöne ausgesuchte Flußkiesel (die wir massenhaft ums Haus herum liegen haben) abschließend rechts und links die Treppen-Wangen, als Treppen-Augen, während der obere Treppenteil von kleinen Rosetten aus Jute-Lehmputz geschmückt wird.

Ein Lehmbaum mit Steinfrüchten...

...wurde dazwischen, d. h. an der Wand des Treppenpodestes, gestaltet, und zog bei Besucherinnen und Besuchern schon viel Aufmerksamkeit auf sich.

Eingerahmt in zünftiges Fachwerk haben Claudia und Christian aus Berlin einen skurrilen Lehmbaum mit Steinfrüchten gestaltet, der das mittlere Lehmtreppen-Podest ziert.

Lehmkunstwerke...

...befinden sich außerdem vor allem im Dachgeschoß, das zuletzt fertiggestellt wurde, beispielsweise das in Lehmputz gedrückte Wurmfarnkraut.

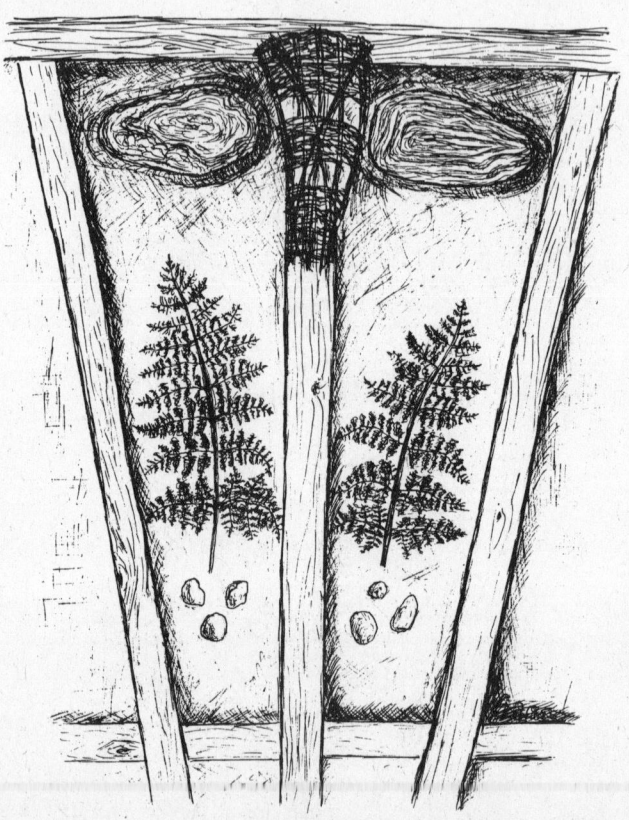

Im Obergeschoß leuchten zwei Achatscheiben – Augen vom Schlafraum zum Flur. Wenn die Abendsonne untergegangen ist, sorgen zwei dahinterstehende Teelichter für den romantischen Lichtschein. Dazwischen ist eine Flechtlampe postiert, die aus geschälter Weide im Wechsel mit grünen Binsengräsern gestaltet wurde. Darunter zwei Farnkraut-Wedel.

Experimente mit Lehm, Kreide und Wasserglas...

...entwickelte mein Baupraktikant Kay im Sommer 1994 zwischen Fachwerkteilen sowie um zwei in die Wand zwischen Schlafraum und Flur als Leuchteffekt eingebaute Achatscheiben, wo er wahre Kunstwerke gestaltete.

Im Schlafraum unterm Dach sind zwei Leuchtenhalter aus Lehm ausgestaltet, welche die Achatscheiben zum Flur hin aufleuchten lassen und ansonsten ein interessantes Experiment aus Lehm, Kreidepulver und Wasserglas darstellen. Der Lavendelkranz in der Ecknische läßt den ganzen Raum von angenehmem Duft durchströmen.

Wandgemälde

Im ursprünglich dunklen und tristen Nordhof entstand im August 1994 – im Rahmen eines Erdbilder-Malkurses unter der Leitung der Lehmkünstlerin Waltraud Pohlentz – aus Treibholz und Kieselsteinen, Spiegelbruch und Wasserglas ein wunderschönes Wandgemälde als Halbplastik. Die Ergänzung dazu schufen später Sabine und Marc aus Luxemburg, gemeinsam mit Gottfried aus Berlin: ein oberschlächtiges Mühlrad, mit glitzernden Kieseln und Minispiegeln bis hin zur Straßenseite, das auch bei kritischen Passanten einhellig Aufmerksamkeit und Anerkennung finden sollte.

Die Wand im Nordhof zieren Kunstwerke aus Treibholz und Kiesel vom nahen Bodensee. Das bleibende Wandgemälde gestaltete die Erdbilder-Malgruppe im August 1994. Das schöne alte Sprossenfenster ist rund 200 Jahre alt und hat Scheiben aus mundgeblasenem Glas.

Das Pfauenrad aus braunen Glasflaschen...

...entstand in der Stroh-Lehm-Wand der neuen Werk- und Kunsthalle (die eigentlich als Doppelgarage genehmigt worden ist) über einem wunderschönen alten Fichtenholzfenster, das erst nach tagelangen Abbeiz-, Kratz- und Schleifarbeiten seine wahren Qualitäten offenbarte.

Der lehmverglaste Tiffany-Spiegel im CC-Kabinett...

...ist etwas ganz Besonderes, denn üblich sind ja bisher nur bleiverglaste Spiegel und Glasfenster. Wir wollten auch hier den sanften und ungiftigen Lehm als Verbindungssteg und Bindemittel einsetzen. Dem damit betrauten jungen Bauhelfer empfahl ich, mit dem alten, ohnehin gesprungenen Spiegel vors Haus auf die Asphaltstraße zu gehen und ihn in etwa 40 bis 50 cm Höhe platt fallen zu lassen. Gesagt, getan: Das Ergebnis waren etliche mittelgroße Bruchstücke, die nun in den aufgezogenen Lehm-Haarputz sinngemäß wieder zusammengesetzt wurden – aber eben mit Lehmsträngen zwischen den Stücken. Von oben beleuchtet, ergeben sie ein sehr sanftes, schönes Licht. Das »CC-Kabinett« war übrigens unsere zweite Trockenkomposttoilette (holländische Bauart), doch davon später mehr.

Das sind nur einige der speziellen Lehmkunstwerke, die das Ökohaus mit wachsender Vollendung innen und außen schmücken. Es wird erkennbar, und auch das ist Absicht, daß ein einfaches schlichtes, ökologisch und biologisch durchdachtes Haus wirklich nicht nur ein nüchterner Zweckbau sein muß, sondern auch sehr viel Spielraum für kreatives und individuelles Gestalten läßt, ja dazu gerade herausfordert. Wenn man jedoch nur schnell, schnell ein Haus hochziehen will, ohne es wachsen und reifen zu lassen, eröffnen sich solche Möglichkeiten kaum. Gut Ding will Weile haben – das gilt hier ganz besonders!

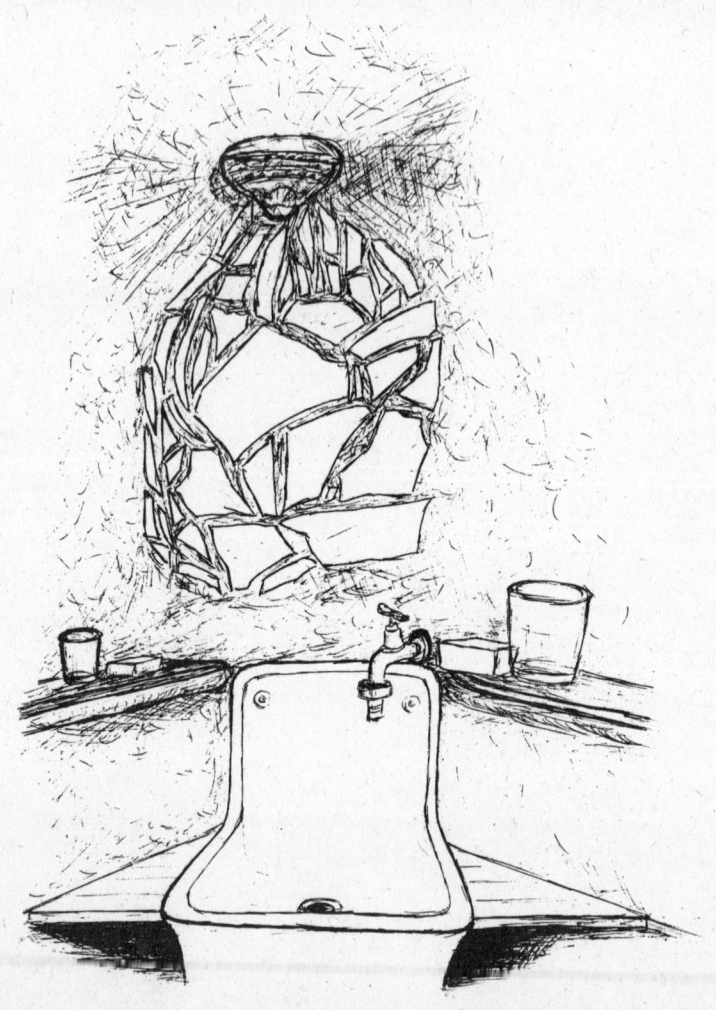

Ein Tiffany-Spiegel in Lehm verglast ziert das CC-Kabinett mit Handwasch-becken aus zweiter Hand. Anfangs war die holländische Kipp-Kompost-Toilette darin aufgestellt; inzwischen fand das Werkzeug darin einen edlen Aufenthaltsraum.

Naturfarben geben
dem Leben Atmosphäre

Über die technische Anwendung von Mineral- bzw. Erdfarben habe ich bereits einiges angedeutet. Ihre Wischfestigkeit in Räumen und Anwendungsbereichen, wo Wasserdampf oder Spritzwasser nicht auszuschließen ist, hat vor allem Gottfried Graupner in Achberg und auf La Palma mit Wasserglas und mit Quark als Kasein-Farbanstrich in vielen Variationen erprobt und getestet. Auch mit gutem altem Leinöl – mit Sikativ (ein Trocknungsstoff) als Firnis verdünnt – konnten wir gute Erfahrungen sammeln. Übrigens nennt man Leinöl oder Firnis, das mit einem (möglichst biologisch unproblematisch abbaubaren) Lösungsmittel verdünnt wird, Halböl. Gottfried empfahl, die Recycling-Fenster vom alten Farbanstrich mechanisch zu befreien (durch Abkratzen, Schleifen und Schmirgeln) und dann eine farblose Naturharzfarbe

○ mit einem Füllstoff wie Kreide, Lehmpulver (oder Eisenglimmer (wenn Rostschutz angestrebt wird) anzureichern,

○ mit Farbpigmenten (ggf. Sikativ) zu versehen,

○ mit einem Lösungsmittel zu verdünnen (z. B. für einen Vorstrich) oder

○ sie mit Halböl zu verlängern.

Bei Farben wirkt zunächst die Farbtönung als solche direkt über das Auge auf unsere Psyche. Die Erde und die Atmosphäre sind farbig! Selbst ein kahler Laubwald im Winter zeigt – von weitem und beispielsweise im Vergleich mit Nadelwaldbeständen, die ja als immergrün gelten, oder mit Wiesen und Feldern – sehr zarte, aber doch noch deutlich unterscheidbare Farbnuancen. Es lohnt sich, mit offenen Augen und geschärftem Blick gerade auch durch den Winterwald zu gehen.

Auch wenn in tropischen Ländern die Tiere, besonders die Vögel, schreiend bunt bzw. richtiger: vielfarbig, mit kräftigeren Farbtönen gekleidet erscheinen, empfinden wir auch starke Farben in der Natur eigentlich nie als unangenehm oder gar aufdringlich. Bei uns Menschen, vor allem wenn äußere und modische Aspekte im Vordergrund stehen, ist das keineswegs so selbstverständlich.

Mein Freund Hans Peter Maier, der lange im verträumten Hachenburg im Westerwald viele schöne alte Häuser restaurierte und nun nach Ronda in Andalusien übergesiedelt ist, lektorierte davor rund 10 Jahre lang im großväterlichen Otto-Maier-Verlag in Ravensburg vor allem die Farbwerke von Itten. Er stieg nachfolgend sehr tief in die Farblehren und ihre Entwicklung ein. Dabei kam zutage, daß Johann Wolfgang von Goethe keineswegs der erste Farblehren-Verfasser war, wenn auch der bekannteste. In einem Farben-Seminar, das wir gemeinsam mit Hans Peter vor einigen Jahren in Hachenburg veranstalteten und an dem nur sechs ausgesuchte Farbinteressierte teilnahmen, breitete er die ganze Fülle seines umfassenden Wissens in diesem Bereich aus.

Reinhard Senkel stellte dort schließlich auch Bezüge zwischen den Hauptfarben und der Musik her. Andere wiesen auf die Zusammenhänge zwischen Farben und psychischen Ausprägungen (Charaktertypen) hin. Entsprechende Farbwirkungen sind offensichtlich durch die Farbschwingungen, d. h. die Resonanzen über unserem Körper, in die Seele übertragbar. Diese diffizile Thema ist damit bei weitem noch nicht ausgereizt.[2]

Farbe und Wärme bilden Dimensionen, die in der Bau-, Wohn- und Lebenskultur zunehmend eine psychologisch wesentliche Rolle spielen werden, weil sie auch die Seele und somit den ganzen Menschen ansprechen und seine Empfindungen mehr und mehr mit einbeziehen.

Was ist ein »nubisches« Gewölbe?

Das Prinzip soll von den Nubiern (den Vorfahren der heutigen Äthiopiern) stammen, wobei die Afghanen ähnlich arbeiten, allerdings aus zwei gegenüberliegenden oder gar aus vier Richtungen zugleich. Zunächst wird das Gewölbe nach dem »Kettenfall-Prinzip« vorgeplant, d. h. an zwei an einer Wand befestigten Haken oder Nägeln aufgehängt, die so weit auseinander positioniert sein müssen, daß der Abstand der späteren Gewölbebreite entspricht. Der Tiefpunkt der durchhängenden Kette entspricht der Spitze des geplanten Gewölbes. Dieses Prinzip wurde sowohl beim Backhausgewölbe über dem Backraum als auch beim Erdkeller und schließlich bei der Regenwasser-Zisterne angewandt. Hierbei nahmen wir eine lange Weidenrute, bogen sie der durchhängenden Kette angepaßt und spannten (wie bei einem Flitzbogen) die beiden Enden durch eine straffe Schnur. Nun drehten wir diesen Flitzbogen um, und siehe da, nun hatten wir das nubische Gewölbe als Form vor Augen und konnten es als Lehre jederzeit anlegen.

Wer das noch nie praktisch mitgemacht hat, muß schon etwas experimentieren, bis man sich sicher ist. Das Risiko bei einem Gewölbe, unter dem später Menschen weilen, darf nicht unterschätzt werden. Im Zweifelsfalle sollte man vor dem Bau eine fachkundige statische Beratung einholen!

Warum baut man überhaupt ein solches Gewölbe? Ich kann mir vorstellen, daß die Nubier wie die Afghanen diese Bauart auch aus dem Grund entwickelt hatten, weil Holz für Streben und Stützen dort damals schon knapp war – es wird nämlich hierbei keines benötigt. Der weit einleuchtendere Grund ist aber vermutlich der, daß diese Gewölbeform das Gewicht so ideal zum Boden hin abstützt, daß keine extra dicken Mauern – wie sie bei den mächtigen, faßähnlichen Tonnengewölben der meisten romanischen Kirchen üblich waren – benötigt wurden. Was so sanft und genial gelenkt zum Boden führt, braucht demnach nicht durch meterdicke Stützmauern abgefangen zu werden.

Holzdachrinnen – selbst ausgehöhlt

Für unser Ökohaus wollten wir Holzdachrinnen vorsehen. Die gekauften sind relativ teuer und werden, wie zu hören war, ausgefräst, d. h. die Maserung wird mechanisch öfters aufgebrochen, so daß Wasser leichter eindringen kann, was sich nur durch starkes Imprägnieren in etwa vermeiden läßt. Wir ließen uns vom Förster im nahen Wald etwa ein Dutzend Fichtenstangen in entsprechender Dicke anreißen (zum Brennholzpreis – sie hätten doch herausgenommen werden müssen, weil der Wald mittlerweile zu dicht war) und fällten sie auch gleich selbst. Zum Haus waren es nur rund 100 m, und so schleppten wir die Stämme – vorne auf der Sackkarre aufgelegt – zum Hof und schälten sie, solange sie frisch waren. Mit Zwischenhölzern aufgestapelt warteten sie, bis es im Sommer dann soweit war.

Meine beiden Zimmermannsbrüder Alois und Josef, die Unzertrennlichen, wußten wieder einmal fachkundigen Rat, wie wir am besten vorgehen sollten. Ob sie es selbst auch schon mal gemacht hatten oder nur von ihren Altvorderen wußten, kann ich nicht sagen. Jedenfalls faßten sie mit an, und in ihrer kleinen, aber sehr zweckmäßig ausgestatteten Zimmermannswerkstatt wurde zunächst einmal jeder Stamm oben etwa zu einem Drittel abgehobelt. Auf dieser relativ ebenen Fläche (die Stämme müßten eigentlich sehr gerade gewachsen sein – darauf hatten wir bei der Auswahl im Wald viel zu wenig geachtet) machten sie dann zwei v-förmige Einschnitte, die dann später in absoluter Handarbeit ausgehackt wurden. Dafür gab es früher eine Dexel-Axt, die vorne eine quer stehende halbrunde Schneide hat, so daß der Stamm innen auch halbrund ausgehackt werden kann. Ergänzt wurde dieses Werkzeug durch ein Stoßeisen, das vorne auch eine halbrunde Schneide hat; dieses befand sich noch in dem ererbten Handwerkszeug-Museum der hilfsbereiten Zimmerleute, die es uns auch bereitwillig ausliehen.

So bestand meine wochenlange Arbeit kurz vor Feierabend darin, Stämme auszuhacken, wobei mein Freund Andreas Konietzny abwechselnd mithackte. Man muß dabei schon eine sichere Hand haben – ein falscher Schlag, und die geplante Holzdachrinne hat seitlich ein Loch.

Als das Recycling-Ziegeldach aufgelegt war, kamen die Holzdachrinnen auch bald darunter. Ich wollte aber keine Eisenhaken dafür verwenden, sondern ging in den Wald zu den Holzfällern und erbat mir hakenförmige Äste, die ich als Rinnenhalter einfach zweimal an die Sparrenenden spaxte; dann wurden die Holzrinnen hineingelegt. Leider habe ich diese Hakenäste nicht vorher entrindet, und so moderten einige in den Folgejahren weg; wenn ich nicht so viele davon angebracht gehabt hätte, wäre die Rinne wohl schon herabgefallen. Das Entrinden ist also sehr wichtig, noch wichtiger bei allem Holz, das *im* Haus verbaut werden soll, denn unter der Rinde suchen die Larven und Käfer das eiweißhaltige Kambium, und diese Herausforderung sollte man ihnen und sich selbst ersparen. Ich bin nicht sicher, ob diese Holzschädlinge das zum richtigen Zeitpunkt gefällte Holz so respektieren und auf diese Leckerbissen freiwillig verzichten...

Lange Diskussionen gab es über die Frage: Wie sollte man die Holzdachrinnen innen imprägnieren? Holzteer lehnte ich ab, weil das Regenwasser zumindest als Gießwasser für die Pflanzen genommen werden sollte. Auch eine Auskleidung mit Dachpappe schied aus diesem Grunde aus (leider ist die provisorische Dachbedeckkung mit Dachpappe unter den Ziegeln verblieben, obwohl es damals schon biologisches Unterdachpapier gab).

Nach sieben bis acht Jahren stellten wir allerdings bei den Holzdachrinnen etliche sogenannte Trocknungs- bzw. Schwundrisse und einige anfaulige Stellen fest. Die Faulstellen befanden sich besonders dort, wo beim Aushöhlen etwas zu tief gehackt worden war und das Regenwasser zum Teil tagelang drinnen stand. Herabgefallene oder hineingewehte Blätter saugen sich voll und verzögern eine zügige Austrocknung. Deshalb ist es wichtig, im Herbst, nach Abschluß der Blattfall-Saison, gerade Holzdachrinnen grundsätzlich zu säubern.

Gottfried aus Berlin kehrte just wieder einmal im Herbst bei uns ein und erhielt dann diesen »ehrenvollen Sonderauftrag«. Er versuchte ein Experiment mit Flüssigkitt, der aus altem Leinöl, Naturharzimprägniergrund und Lehmpulver (als Füllstoff – feines Sägemehl wäre wohl auch geeignet) zu einem siruppartigen Brei angerührt wurde. Beim ersten Vorstrich sorgte etwas dazugegebenes Lösungsmittel für schnelleres Einziehen. Die Holzrinnen saugten diesen Anstrich förmlich auf. Nach mehrstündiger Pause wurde der zweite Anstrich etwas konzentrierter aufgetragen mit der Absicht, daß der Auftrag nach einigen Stunden stärker verharzt und alles weitgehend abdichten würde – und so war es denn auch. Selbst die relativ morschen Holzstellen festigten sich zusehends und dürften nun noch einige Jahre länger ihren Zweck erfüllen. Selbst größere Risse konnten so weitgehend wieder geschlossen werden. Gottfried erzählte nebenbei, daß er bei alten, teils morschen Küchenfenstern mit ähnlichem Anstrich (plus abschließender Naturharzfarbe) bereits gute Erfahrungen sammeln konnte. Übrigens, etwas dazugegebenes Sonnenblumen-, Distel- oder Olivenöl gibt dem »Dachrinnen-Kitt« noch mehr Elastizität. Gerade dieses Holz ist doch extrem stark jeder Witterung ausgesetzt und arbeitet daher bei jedem Temperatur- und Luftfeuchtewechsel besonders viel.

Inzwischen sind eineinhalb Jahre vergangen, und die Holzdachrinnen blieben bisher dicht. Ein weiterer Vorsorge-Anstrich könnte vor dem kommenden Winter jedoch nicht schaden. Vielleicht taucht ja Gottfried wieder einmal bei uns auf...

Kunst- und Werkhalle statt Doppelgarage

Im Nordhof schließt sich eine als solche genehmigte Doppelgarage an, die wir jedoch grundsätzlich nicht als Garage üblicher Art benutzen möchten – allenfalls als winterlichen Einstellplatz für das Tretauto (Carbike). Die Halle soll als Werk- und Kunsthalle benutzt werden. Nach dem ersten Erdbilder-Malseminar im August 1994 soll im Mai dieses Jahres ein Trommelbau- und Spielseminar folgen (das wir wegen der zu erwartenden Lautstärke mit Rücksicht auf die übersensible Nachbarschaft wahrscheinlich doch vorsorglich lieber bei unseren Freunden Dick und Monika van Rijn auf ihrem etwas abseits liegenden Bauernhof durchführen wollen.) Aber ansonsten stellen wir uns schon vor, in der Werk- und Kunsthalle schöne handwerkliche Kurse durchzuführen, da wir etliche Freundinnen und Freunde haben, die verschiedene Techniken beherrschen und sehr gerne mal bei uns etwas anbieten und vermitteln möchten.

Zunächst dachten wir daran, diese quasi-Garage mit in einer Grube unter dem Boden eingelagerten frischen Johannisbeer-Trestern (= Preßrückstände von schwarzen Johannisbeeren) zu beheizen, welche uns kostenlos von der unweit liegenden Obstverwertung zugefahren werden. Diese will sie vor allem aus dem Grund loswerden, weil von den Trestern im ersten Jahr ein relativ saurer Restsaft ausgeht, der vor allem nach starken Regengüssen in die Kanalisation abfließt und vom örtlichen Umweltamt wohl beanstandet wurde. Für uns wird daraus jedoch – nach einem Jahr Kompostzeit – ein wertvoller, dann kaum noch saurer Humus. Er ist außerdem ein ideales Einstreumaterial (ähnlich dem Rindenschrot) für die verschiedenen Kompost-Toiletten, weil er – durch den hohen Gerbsäuregehalt – zugleich sehr geruchsbindend ist.

Wir testeten das frische Trestermaterial unter der holländischen Kipp-Trockentoilette und waren überrascht, als wir im Frühjahr – nach Rückkehr von der Wintersaison – ein sehr feuchtes Innenraumklima vorfanden, das den Lack von den Recycling-Türen abblättern ließ. Da wurde uns klar, daß die im Prinzip kostenlose Abwärme der Trester in Innenräumen leider kaum so direkt und unproblematisch nutzbar sein wird. Im Garten frei liegend zeigte der Tresterhaufen im März des folgenden Jahres noch eine Temperatur von über 40° C. Es ist schade, daß diese Gratiswärme nicht sinnvoll aufgefangen und verwendet werden kann, wobei wir wohl wissen, daß wir mit einer »Mist-Spinne« – nach Dr. Heinz Schulz – etliches an Gratiswärme herausziehen könnten.[3]

Hierbei wird ein spinnenartiges Rohrsystem in die wärmeabgebende Kompostmasse verlegt, in dem Wasser (oder ein frostunempfindliches anderes Medium) zirkuliert; diese gefüllten Rohre werden in das Substrat (Mist oder hier Trester) eingelegt. Nun kann durch Zirkulation die Wärme entzogen, in den zentralen Erdwärme-Speicher geführt und bei winterlichem Bedarf von dort wieder entnommen werden. Da wir aber keinen Erdwärmespeicher haben (bei dem übrigens bewußt nichts an Wärme aus der Erde selbst entnommen wird, was nicht vorher zusätzlich dort eingebracht worden war) und uns der Gesamtaufwand unverhältnismäßig hoch erscheint, lassen wir die Trester eben den Winter über offen liegen.

Eine Badewanne nach Maß
– in Flaschenform

Obwohl wir aus Gründen der Wasserersparnis grundsätzlich nur duschen, sollte eine Badewanne im Haus nicht fehlen. Für medizinische Bäder und als umfassende Warmwasser-Therapie kann sie in Ausnahmefällen sehr gute Dienste tun.

Ich habe mich bei meiner Körperlänge von 193 cm aber immer über die für mich zu kurzen Badewannen geärgert. Entweder wurden die Schultern kalt oder die Knie! Deshalb hatte ich mir vorgenommen: Wenn ich nochmals ein Haus bauen sollte, mußte eine Badewanne her, in der ich endlich in voller Länge ausgestreckt liegen und auch mal faulenzen kann. Nun war ich schon mitten im Hausbau, als mir dieser alte Wunsch wieder gegenwärtig wurde. Genau genommen waren es mittlerweile drei Wünsche, denn zusätzlich wollte ich aus ökologischen Gründen trotzdem möglichst nicht mehr Warmwasser verbrauchen, und schließlich sollte das Wasser seine wie auch immer aufwendig erzeugte Wärme nicht allzu schnell an den darunter befindlichen Boden und in die Wände abgeben. Was tun?

Zunächst spielte ich mit dem Gedanken, einen ganz dicken Baumstamm kanuähnlich auszuhöhlen und so ganz in Holz und Wasser zu baden. Ich fragte meine bewährten Zimmerleute Alois und Josef, welches Holz dafür am besten geeignet wäre. Sie winkten jedoch ab und meinten: »Dann mußt Du aber immer Wasser darin stehenlassen, sonst schwindet das Holz, bekommt irgendwann Risse und wird als Wanne undicht.« Wenn ich es dennoch versuchen möchte, sollte ich Robinie (Akazie) nehmen. Da der klitschnasse Baumstamm jedoch sehr viel Energie benötigen würde, um mit kostbarem warmem Badewasser eine angenehme Badetemperatur zu bieten, nahm ich von dieser Idee wieder Abstand.

Um diese Zeit – es war etwa im ersten Drittel der Bauphase – kam jeden Sommer einmal der Baubiologe und Maurermeister Erwin Schubert, um zu sehen, wie es geht und steht und um immer irgendeine besondere Spezialität fachmännisch zu gestalten. Nun fragte ich Erwin, ob er eine zündende Idee hätte, wie man eine deutlich längere Maß-Badewanne selbst einbauen könnte. Er überlegte sich das Vorhaben bedächtig und machte sich dann ans Werk. Mit Schalbrettern wurde die Badewannen-Mauerstärke fixiert und dann ein Spezialgemisch zubereitet: Zum scharfen Sand und Zement mischte Erwin reichlich Korkschrot, um eine gute Warmwasser-Warmhaltewirkung zu erzielen. Dieses Gemisch wurde eingestampft, blieb drei bis vier Stunden stehen, um abzubinden, wurde ausgeschalt, und mit einem alten Beil wurde die fließende Badewannenform stromlinienförmig nachgestaltet. Darüber kam dann am nächsten Tag eine etwa 2 cm starke Zementmörtelschicht, die mit Jutetüchern bewehrt wurde. Das Ganze mußte nun eine Nacht lang weitgehend durchhärten.

Wie die ideale Wannenform erreichen?

Erwin forderte mich während der groben Formgestaltung mehrfach auf probezuliegen. Dabei durfte ich aber nicht mein volles Gewicht in das noch relativ weiche Wannen-Innere drücken, weil er Deformierungen befürchtete. Aber wie kann man sich »hinlegen«, ohne Abdrücke zu hinterlassen, wenn man nicht schweben kann?

Ich überlegte mir folgende »Maßnahme«: Wenn sich der oder die »Maßgebenden« (d. h. eben die Längsten oder die Dicksten in der Familie) draußen im Hof auf einen Sandhaufen legen und sich immer mehr so waagerecht wie möglich vertiefend einbuddeln, entsteht doch ein Negativ-Abdruck der maximalen Körpermaße, die als Mindest-Wanneninnenmaße zu gelten hätten. Wenn diese Negativ-Form mit einem Jutegewebe und Gips ausgegossen wird, müßte eine festwerdende Form entstehen, die – vielleicht mit zwei Querhölzern zum Transport ausgesteift – dann im künftigen Baderaum als Maß-Form für das Wanneninnere dienen und ab und zu dahinein abgesenkt werden könnte. Das ergibt erheblich weniger Gewicht in die noch frische Form als der Mensch selbst, und es kann in Abwesenheit der künftigen Benutzerinnen und Benutzer an der individuellen Maß-Badewanne weitergearbeitet werden.

Statt »Pfennig-Fliesen« lieber Kieselsteine vom Bach

Nun mußte die grob vollendete Wanne noch verkleidet werden, so daß ich mich also zwischendurch um den abschließenden Wannenbelag bemühte. Zunächst dachte ich an sogenannte »Pfennig-Fliesen«, die so um die 1 ½ – 2 cm Durchmesser haben und, da sie rund sind, sich der fließenden Wannenform wohl recht gut anpassen dürften.

Ich schaute mich auf dem Baumarkt im nahen Wangen um und stellte bei näherem Hinsehen fest, daß sie aus der Nähe betrachtet gar nicht so romantisch aussahen, als ich sie vor Jahren einmal gesehen und bewundert hatte. Dazu kam, daß sie auch noch an die 500 DM kosten sollten – nein danke!

Ich kehrte unverrichteter Dinge zurück und sagte zu Erwin: »Geht es nicht auch anders?« Wir standen gerade im Sonnenhof, wo der Terrazotisch, den ich für 40 DM damals mit dem alten Holzschuppen erstanden hatte, seinen Platz hatte. Erwin meinte: »Ja, so könnte es auch gehen! Sammele nicht zu dicke Kieselsteine und dann drücken wir diese in den Zementmörtel – von Hand!« Nun, ich habe massenweise Kieselsteine rings ums Haus liegen, weil dieser Endmoräne-Boden zur letzten Eiszeit davon wohl unvorstellbare Mengen vor sich hergeschoben hatte. Aber die gewünschte Körnung (Größe) war kaum dabei. Dann stieß ich auf einen Rest Betonkies, der von den Fundamenten noch übrig war und Tausende wunderschöner kleinerer und mittlerer Kiesel barg. Aber mit der Hand Tausende heraussuchen? Ich ging zum Apfelbauer Xaver und lieh mir sein Hafersieb aus. Zwei Tage Schütteln und Sieben mußte ich absolvieren – dann hatte ich um die 15 000 Kieselsteine beisammen (ich zählte spaßeshalber ein Sieb voll durch und multiplizierte diese Zahl dann mit den gesamten Siebfüllungen). Nun reichte es mir aber wirklich, im doppelten Sinne! Es ist ja oft so: Wenn man vorher wüßte, auf was man sich bei gewissen Experimenten einläßt, möchte man es manches Mal ungeschehen machen. Aber dann ist man schon so weit, und es ist ja meist doch nur einmal, daß man so etwas beginnt...

Eigentlich ging es recht gut, mit den Kieselsteinen die Badewanne zu verkleiden. Es durfte allerdings immer nur ein schmaler Streifen Mörtel aufgetragen werden, weil dieser – trotz Vornässen – erstaunlich rasch abzubinden begann. In insgesamt zehn Tagen war das Werk vollendet, und die Badewanne nach Maß konnte – nach weiteren Trocknungstagen – eingeweiht werden. Das war ein wunderschönes Gefühl: sich endlich in der Wanne ganz ausstrecken und dann in von der Sonne erwärmtem Wasser baden zu können!

Später umkleidete ich auch noch das Handwaschbecken daneben auf die gleiche Art, weil noch etliche Kiesel übriggeblieben waren, weil es gut als Pendant zur Wanne paßte und weil ich es noch besser machen wollte: Diese Kieselsteine habe ich viel dichter nebeneinander in den Mörtel gedrückt. Dadurch entstanden keine großen Mörtelfugen, die bei der Wanne das Bild bestimmen, sondern es liegen Steinchen an Steinchen in unvorstellbarer Vielfalt, was Farben und Formen betraf. Erwin machte dann die Schlußrechnung, was an Arbeitszeit und an Material verbraucht wurde und schrieb für die Baubiologie-Zeitschrift »Wohnung + Gesundheit« einen abschließenden Erfahrungsbericht zum Nachbauen. Gewiß, wenn ich seine Meisterstunden hätte bezahlen müssen, wäre es unter 3000 DM nicht abgegangen. So aber rechnete er nur das Material und kam auf nicht ganz 400 DM.

Da diese Idee ja bei Häuslebauern Einzug halten könnte und man mit dieser Methode jede Wannenform frei gestalten kann, ist das durchaus eine recht originelle Sache. Selbstverständlich würde Erwin auch einen speziellen Fremdauftrag in dieser Richtung, soweit er noch Zeit hat, übernehmen, denn diese Lösung war doch recht reizvoll. Ich hörte von meinem Freund Hermann Siesmeir, Baubiologe, Maurer- und Zimmermannsmeister in Mindelheim/Allgäu, daß er eine Familienwanne (mit anderen Materialien und eher geraden Formen) gebaut hat, in der er, seine Frau und ihre zwei kleinen Kinder ausgesparte Nischen haben. Aber dann kam das dritte Kind, und die anderen wurden auch größer...

Weil die eingebauten Kiesel, vor allem in der Badewanne, teilweise noch einen Mörtelschleier hatten, ging ich später mit verdünnter Salzsäure daran, wodurch dieser verschwand. Zusätzlich, nachdem gründlich nachgewässert wurde, strich ich die Wanne und die Umkleidung des Waschbeckens mit Naturharz-Imprägniergrund zweimal an, und nun glänzen die schlichten Kiesel wie Edelsteine.

Ein Glasballon in der Lehmwand läßt vom Osten her die Morgensonne einstrahlen.

Die Ökotechniken auf dem Prüfstand

Warmwasserbereitung

Rückwirkend betrachtet hätte ich mir den Umgang mit den Anfang der 80er Jahre langsam populär werdenden Ökotechniken einfacher vorgestellt – und auch preiswerter. Durch die bereits erwähnten Energieberater-Schulungsseminare bei und mit Dr. Heinz Schulz und seinem Team in Weihenstephan hatte ich einen grundsätzlichen Einblick in den alternativen Energiebereich (von Photovoltaik über Biogas, Wind- und Wasserkraft bis hin zu den Warmwasserkollektoren auf dem Dach). Mit letzterem fingen wir in Achberg an.

Die vier geplanten Quadratmeter für die Warmwasserversorgung erhöhten wir gleich auf fünf, und es hätten auch noch zwei bis drei mehr sein können, insbesondere wenn wir den nur 200 Liter Brauchwasser fassenden Warmwasserspeicher größer dimensioniert hätten, was so viel teurer auch nicht geworden wäre. Hier gilt: Nicht am falschen Platz sparen!

Die Warmwasserbereitung kann ambivalent, d. h. wechselseitig mit Sonnenwärme und dazu gleichzeitig auch mit dem Holzheizkessel im Keller, betrieben werden. Ich war erstaunt, daß an einem 31. Dezember, als die Außentemperatur -10° C betrug, die 200 Liter Wasser im Speicher tagsüber bei strahlendem Sonnenschein allein durch die Sonne um ganze 10° C erwärmt werden konnten. Den Warmwasserspeicher haben wir übrigens kurz entschlossen unterm

Dachgeschoß positioniert, weil er die Dachschräge gut ausnutzte, während im Keller wertvoller Platz für das Brennholz verloren gegangen wäre. Vor allem aber hörte ich, daß das Warmwasser dann ohne Pumpe bis zum obenstehenden Speicher thermisch von selbst hochsteigt. So konnten wir diese kostbaren Solarwatt schon mal sparen, was sich am Ende als sehr wichtig herausstellen sollte.

Eine ökologisierte Luftheizung zum Selbstbau

Bei der Heizung habe ich mich nach vielem Herumhören schließlich für die aus Österreich stammende Hypothermal-Luftheizung entschlossen, die ursprünglich von Ingenieur Wuck in der Steiermark entwickelt und von Josef Steiner ökologisiert wurde. Das Prinzip ist denkbar einfach: Ein Heizkessel (bei uns der besagte Holzheizkessel, es könnte aber auch ein Gasbrenner, eine Hackschnitzelanlage oder – weniger sinnvoll – ein Ölbrenner sein) erzeugt die benötigte Wärme. Diese strömt in der Masse zunächst in den anschließenden Wärmetherapieraum, wo sie die möglichst luftgetrockneten Lehmziegel (bei uns eine zusätzlich aufgemauerte Kalksteinwand) als Wärmespeicher aufläd. Bei einem spezifischen Gewicht von 2,8 geht da eine Menge Wärme hinein, die schließlich (elektronisch oder per Hand regelbar) die leichte Warmluft durch einen Hauptschacht – möglichst in Hausmitte – in die oberen Stockwerke leitet, während die im Kellergeschoß liegenden Nebenräume direkt versorgt werden.

Nun kommen bei den Hausführungen an dieser Stelle immer die Einwände von recht kundigen Besuchern, daß Luftkonvektion doch ungesund sei, daß eine vertikale Luftschachtöffnung doch ein Telefon im Haus darstelle, das viele Geräusche übertrage usw. Tatsache ist indes (was ich anfangs selbst auch nicht glauben konnte!), daß alle diese Nachteile der früheren billigen Nachkriegs-Luftheizungen hier gezielt vermieden werden: Zunächst wird die im Schacht aufsteigende Warmluft in den Räumen selbst als stehende Luftwalze über Kopf an der Decke ausgemacht, die so selbstverständlich von oben strahlt wie die Sonne vom Himmel auf die Erde. Zudem wurde der etwa 90 cm lange und gut 60 cm breite Luftschacht noch mit schalldämmenden, magnesitgebundenen Heraklithplatten verspiegelt, d. h. wechselweise leicht gekippt eingebaut, was den möglicherweise eindringenden Schall stark dämpft. Die allgemein befürchteten Nachteile konnten wir in den rund acht Jahren, die wir nun im Ökohaus wohnen, nicht feststellen. Außerdem werden Metall-Rohrleitungen und umlaufende Flüssigkeiten bei dieser Heizung vermieden, was baubiologische Pluspunkte ergibt.

Der Holzheizkessel erwärmt zunächst den angrenzenden Wärme-Therapieraum und läd ihn über Stunden mehr und mehr auf (die genau darüberliegende Küche bekommt – nach Stunden – dann auch eine Menge Wärme ab).

Der »Wärmetherapieraum« – ein Traum von Bio-Sauna!

Das Glanzstück ist der erwähnte Wärmetherapieraum, in den ja zunächst fast alle Wärme einströmt und der nach einem halben Tag Aufheizen so gemütlich, fast bullig warm wird, daß man sich gerne dort niederläßt und gerade zur kalten Jahreszeit stundenlang Wärme auftanken kann – und das gratis, denn es wird keine Wärme benötigt, die nicht ohnehin für die Hausheizung anfällt! Die sanfte, durch Holzverbrennung (und nicht elektrisch, wie bei sonstigen Saunaanlagen) erzeugte Wärme gibt eine wunderbare Atmosphäre, die noch verfeinert werden kann, wenn in der ins Ofenfach gestellten Duftlampe je nach Wunsch ätherische Öle verduften, die durchs ganze Haus ziehen... Dies kann natürlich auch als Nachteil gesehen werden, wenn andere im Haus andere Duftnoten bevorzugen sollten. Hier muß man sich eben vorher verständigen. Ansonsten hat diese Luftheizung mit Wärmetherapieraum jedoch nur Vorteile; vor allem kann man außer dem Heizkessel so gut wie alles selbst machen – wer sich hobbymäßig mit Ofenbau beschäftigt, könnte aber sogar selbst den hinkriegen.

Unser Wärmetherapieraum ist übrigens keine Hochtemperatur-Sauna, wie sie allgemein üblich ist, sondern eine »Bio-Sauna«, die sich nur auf etwa 65 bis 70° C aufheizt. Das ist jedoch kein Nachteil. Wenn man wenigstens 40 bis 50 Minuten darin verweilt, gerät man genauso in Schweiß wie in einer Sauna mit 80, 90 oder gar 120° C. Die Bio-Sauna ist sogar erheblich angenehmer für Menschen mit labilem Kreislauf sowie für Menschen (nach meiner Beobachtung vor allem Frauen), die zunächst nicht oder kaum schwitzen können. Diese können sich bei der deutlich niedrigeren Temperatur leichter an das Saunieren gewöhnen.

Der Recycling-Küchenherd
und ein Grundofen mit Treppe

Als wir erkannten, daß wir das eineinhalbstöckige Ökohaus eigentlich nicht nur zu zweit bewohnen möchten (weil wir ohnehin öfters wochen- oder gar monatelang nicht in Achberg sind und das in absehbarer Zeit wohl weiterhin so bleiben wird), überlegten wir, eine junge Familie oder andere Menschen in einer lockeren Lebensgemeinschaft mit aufzunehmen, wenn es menschlich »stimmte«. Dafür sollten dann die Bereiche im Hause so neu aufgeteilt und ausgestattet werden, daß Raum für gemeinsame Begegnungen und gemeinsames Tun vorhanden ist und gleichzeitig auch die Möglichkeit besteht, daß jede Partei sich zurückziehen und für sich sein kann.

Wir beschlossen daraufhin, nach oben ins Dachgeschoß zu ziehen, sobald andere mit im Haus wohnen würden. Damit wir uns dort auch unabhängig bekochen und aufhalten können, dachten wir daran, uns einen Recycling-Küchenherd und einen Lehm-Grundofen für das kleine Wohnzimmer anzuschaffen.

Im Dachgeschoß der Lehmgrundofen mit verchromtem Ofentürchen aus
Ungarn und einige Trittstufen, die zur Schlafnische unserer Enkelkinder über
dem Ofen führen. Darüber mittig zwei Lichtdurchblicke, die sowohl die
Morgen- als auch die Abendsonne durchscheinen lassen und im übrigen
rötliche Weidenruten vom Flechtwerk in der Wand freigeben. Rechts
schließt sich eine Ofenbank mit Wollwebbelag an, die zum Mittags-
nickerchen einläd.

Unseren Haus- und Hof-Schlosserfreund Albert sprachen wir speziell wegen eines Recycling-Küchenherdes an; er ist eine Fundgrube für alle Arten von Eisen-Recyclingmaterialien, selbst für gebrauchte Türen, Fenster und Sanitär-Keramik, weil er schon mindestens zwei zum Abbruch freigegebene alte Häuser ausgeräumt und diese Materialien auf seinem Bauernhof oder in der riesigen Schlosserwerkstatt mit angrenzenden Material-Lagerhallen (alles sorgfältig sortiert!) eingestapelt hat. Zudem weiß er meist auf Anhieb, wo er suchen muß, um zu finden. Er hatte denn auch schon bald eine alte Wamsler-Heizungs-Küchen-Kombinations-Herdplatte und das dazugehörige Ofentürchen anzubieten. Eine selbstgebaute Brat- und Backröhre brachte Christian aus Österreich zum letzten Ofenbaukurs mit.

Gleichzeitig wurde im Wohnzimmerchen ein Grundofen aus hundert Jahre alten Ziegeln, mit Schamottsteinen und Lehmmörtel aufgebaut. Beide Öfen münden kurz vor dem Kamin in ein gemeinsames Ofenrohr ein, d. h. sie wurden auch gemeinsam in den Kamin eingeführt, was sich in der Praxis nicht nur als unproblematisch erweisen sollte, sondern wegen der zusätzlichen Rauchgas-Wärmeabstrahlung in der Küche auch als besonders effektiv.

Beim Grundofen hatte ich zwei Wünsche frei: Einmal wollte ich mich auf der angebauten Eichenholzbank (ein biologisches Erinnerungsstück aus unserem ersten, leider unbiologischen Haus von Bad Camberg im Taunus) an den Grundofen mit dem Rücken anlehnen und Wärme tanken können, wenn es draußen unfreundlich und kalt ist. Das löste Christian so geschickt, daß im Rückenbereich mehr Schamottsteine, hochkant vermauert, die Abwärme vom Ofen stärker bremsen und gleichzeitig die Wärme dieses mittelschweren Grundofens dort einige Zeit länger gespeichert und genutzt werden kann.

Zum zweiten wollte ich, daß unsere Enkelkinder, wenn sie bei uns zu Besuch sind, über den Grundofen aufsteigen und oben, über der Küche, unter dem schrägen Giebel, ihr Nachtlager finden können. Auch das löste Christian, der für sehr individuelle Öfen einen guten Ruf über die Grenzen hinweg hat, sehr elegant: Mehrere Einstiegs-Stufen geben den kleinen Füßen Halt, wenn sie hurtig nach oben streben. Kinder steigen meinen Beobachtungen nach in aller Regel nicht nur gern auf Bäume, sondern besonders gern auch unters Dach, wohingegen sie nicht freiwillig »in den Keller« gehen. So war es ab nun auch bei uns. Die Begeisterung aller Kinder, die zu Besuch kamen oder auch eifrig in der Sommerwerkstatt im Lehm mitpanschten, war so groß, daß sie – wenn wir nicht achtgaben – laufend auf und abstiegen und nicht nur dort schlafen, sondern auch noch tagsüber dort spielen wollten. Das mußten wir dann aber doch unterbinden, denn die mit so viel Mühe und Jutetüchern von Magrit und Beate aus der Schweiz gestalteten Einstiegsstufen zeigten am Ende der nächsten Sommersaison doch ernsthafte Abnutzungserscheinungen; für einen solchen Ansturm war der Ofenaufstieg nun doch nicht gedacht.

Auch eine andere Besonderheit baute Christian mit ein: Von einem alten Schloß abgeschaut verband er die beiden Feuerräume – den vom Herd in der Küche und den vom Grundofen im Wohnraum, die nur durch eine Lehmwand getrennt voneinander an der gleichen Stelle positioniert worden waren – durch eine Zugklappe. So kann man, wenn das Essen in der kleinen Eßküche zubereitet ist und man zum gemütlichen Teil in die Wohnstube nebenan übergehen möchte, diese Klappe am Küchenherd hinten hochziehen, die verbliebene Holzglut leicht in den dahinterstehenden Grundofen im Wohnzimmer schieben und gleich weiterheizen.

Als Brennmaterial für die Heizung (bevorzugt auch im Winter zum Kochen) verwenden wir übrigens grundsätzlich nur unbehandeltes, d. h. giftfreies Abfallholz aus dem Fenster- und Türenbau, das wir uns kubikmeterweise in 5 m langen Gebinden anfahren lassen, mit der Elektro-Kettensäge auf die einheitliche Feuerraumtiefe von rund 50 cm kleinsägen und – da es mehrjährig abgelagert und zudem noch kammergetrocknet ist – sofort überdacht aufstapeln. Aus den Abfallholz-Bunden konnten wir schon so manches Bauholzstück herausfischen – zum »Brennholzpreis«.

Nun aber zurück zu unserer individuellen Heizung unterm Dach. Das verchromte Ofentürchen für den Grundofen brachte Christian aus Ungarn mit, wo es damals recht preiswert zu haben war. Es hat eine feuerfeste Glasscheibe, und es ist sehr schön, das gemütliche Holz-Prassel-Feuer nicht nur zu hören, sondern gleichzeitig auch zu sehen. Vor dem Grundofen haben wir ausnahmsweise eine Granitsteinplatte als Funkenschutz in den Holzdielenboden eingelassen. Da sie rosarot ist und »ruß-ähnliche« schwarze Einlagerungen hat, paßt sie optimal gerade vor die Feueröffnung. Der hartstrahlende Granitstein kann hier, wo niemand sitzt oder ruht, durchaus akzeptiert werden.

Wir haben in allen Räumen grundsätzlich nur Holzdielenböden verlegt und sind damit sehr zufrieden. Selbst in den Bädern haben sie sich bestens bewährt. Dort nahmen wir jedoch die feuchtigkeitsresistentere Lärche. Der Fußboden wurde jeweils zweimal mit Naturharzimprägniergrund eingelassen, d. h. einmal verdünnter vorgestrichen und, nachdem er eingezogen war, noch einmal richtig geflutet (wobei alle Reste des Imprägniergrundes nach spätestens 30 Minuten weggewischt werden müssen, sonst kann ein lackartiger Überstand zurückbleiben, der auch verharzt und dann nur schwerlich noch entfernt werden kann). Die Granitplatte war übrigens eigentlich auch Recyclingmaterial. Ich ging zum Steinmetz im Nachbardorf und fragte, ob er etwas in diesen Farben da hätte. Er hatte diese Platte schon in den Abfall-Container geworfen; sie war als Grabstein gedacht, und durch ein Mißgeschick brach eine Ecke ab, so daß sie dafür unbrauchbar geworden war. Da sie die gesuchten Farben hatte, nahm ich sie, ließ das beschädigte Ende fachmännisch begradigen, die Platte zünftig polieren, und siehe da, es wurde ein wunderschönes – und obendrein auch noch sehr preiswertes – Stück.

Der Sonnenofen für schönes Wetter

Bei strahlendem Sonnenschein – und eigentlich nur bei solchem – können wir im Sommer an vielen Tagen mit unserem Sonnenofen kochen, genau genommen eigentlich nur garen, aber das ist auch schon eine ganze Menge. Das erste Modell, das Roman Pisal baute, ging bis auf etwa 110° C Lufttemperatur. Besonders Getreidegerichte quellen und garen darin wunderbar aus. Da die Sonne erst gegen 11 Uhr hinter den Nachbarbäumen hervorkommt, ist das sonnengegarte Mittagsmahl erst so gegen 13 Uhr fertig. Seitdem wir mittags grundsätzlich Salat oder Rohgemüse essen, gibt es keine Engpässe mehr, denn bis zur warmen Abendmahlzeit reicht es bei Sonnenschein immer.

Der Sonnenofen muß von Hand etwa alle 60 bis 90 Minuten nachgestellt werden. Uli Oehler optimierte diesen Sonnenofen vor Jahren als Entwicklungsingenieur in Afrika und entwickelte Großanlagen (mit Spiegelfolie, fahrbar ausgestattet), die in tropischen Gebieten für einige hundert Menschen die Mahlzeit zum Kochen bringen können. Von ihm haben wir einen Original-Oehler-Sonnenofen erworben, mit einem automatischen, wiederum sonnengesteuerten Nachführ-Panel. Wer berufstätig ist und zuhause tagsüber niemanden zum Nachführen des Sonnenofens hat, kann damit trotzdem abends eine sonnengegarte warme Mahlzeit erwarten. Selbst wer in oberen Stockwerken wohnt, kann durch Ulis originelle Ideen und Lösungen ein nach außen ausladendes Haltegestell im oder vor dem Fenster anbringen, mit dem sich der Ofen so weit ausschwenken läßt, daß auch die steil stehende Mittagssonne noch voll hineinscheinen kann.

Bei einem solchen Sonnenkocher – ähnlich einer Kochkiste – kommt die Haupthitze ja von oben und nicht, wie bei den üblichen Heizquellen, von unten. Folglich muß das Gargut gegebenenfalls auch anders geschichtet werden, wenn man nicht nur eine Gesamtmasse in den Garer stellt, wie wir es in der Regel tun. Auch dafür gibt Uli Oehler Bedienungshinweise heraus (Bezug: siehe Anhang).

Es gibt auch ganz andere Sonnenkocher-Systeme, beispielsweise mit Parabolspiegeln, die wesentlich höhere Temperaturen erzeugen können. Zur Zeit probieren wir solche Systeme aus, so daß wir im Moment dazu noch keine speziellen Empfehlungen geben können. Wohl ist erkennbar, daß damit auch gebacken, gebraten und wirklich gekocht werden kann, was mit unserem sanften und etwas trägen Sonnenkisten-Garer so einfach nicht geht, da er weniger hohe Temperaturen bringt. Die Fachhochschule in Jülich/Rheinland hat einen Sonnenkocher mit Ölspeicherwanne entwickelt, mit dem noch einige Zeit nach Sonnenuntergang gekocht werden kann, weil heißes Öl ein sehr guter Wärmehalter ist.

Die Trocknungs-Pyramide
für Kräuter, Obst und Gemüse

Auf unserem Wintergartendach, das wir wegen der Sommerhitze fast ganz mit Solartechnik belegten, haben wir auch matt-schwarz gestrichene Hohlkammer-Ton-Platten von 2 m Länge verlegt; durch welche (mit Glas abgedeckt) die Sonnenwärme einstrahlen und die darin hochströmende Außenluft so anwärmen kann, daß diese im Obergeschoß mit einer um etwa 10 bis 12° C höheren Temperatur ankommt. Dort wird sie direkt in eine Holzpyramide (mit den Bodenmaßen von etwa 100 x 100 cm) eingeführt, in der auf bis zu drei Ebenen Heil- und Würzkräuter oder Obst und Gemüse zum Trocknen lagern. Da die Pyramide (nach dem Cheops-Modell nachgebildet) ohnehin eine dehydrierende, d. h. mumifizierende oder schlicht eintrocknende, und zugleich eine feinstoffliche, energetisch aufladende Wirkung hat, können die eingelegten Früchte noch energetisch besser werden (was bei einem Kühlschrank bzw. einer Gefriertruhe nicht angenommen werden kann).

In unserer Speisekammer steht deshalb auch noch eine sogenannte Kühlschrank-Pyramide, die ebenfalls aus hohlen Tonplatten besteht,

in die zur Wasserverdunstung (Kühleffekt) von außen Wasser eingefüllt werden kann. Mein Freund, der Elektroniker Dick van Rijn,
führte bei uns einmal Raumtemperaturmessungen durch und er-
mittelte einen Abkühleffekt durch das Verdunstungswasser von etwa
5° C. Natürlich ist die Haltbarkeitsfrage von Lebensmitteln bei der
vegetarischen Ernährung weit weniger prekär, als wenn Fleisch und
Wurstwaren bevorratet werden. Im Sommer kann die Butter dann
halt mal etwas weich werden, und die Sahne muß eben einige Stun-

Die Kühlschrank-Pyramide (links) besteht aus Ziegel-Tonplatten, die innen
hohl sind und daher mit Verdunstungswasser zur Abkühlung gefüllt werden
können. Das Ganze steht auf einer ehemaligen Duschwanne.

den in den sommers sehr kühlen »Wärmetherapieraum« oder in
den etwas weiter entfernten Erdkeller, bevor sie geschlagen werden kann.
Fest steht für uns, daß in einem Plastikbehälter (z. B. einem Kühlschrank), der mit Wechselstrom betrieben wird (wir haben aus bio-

logischen Gründen grundsätzlich nur 24 Volt Gleichstrom im Hause) die nicht gerade billigen ökologisch angebauten Früchte und Gemüse gewiß nicht besser werden können. Übrigens hat Dr. med. Hauschka[4] vor rund vier Jahrzehnten schon Grundsätzliches über die innere (d. h. feinstoffliche) Qualität der verschiedenen Heizquellen und der verschiedenen Kochgeschirre und ihre offensichtlichen Einwirkungen auf das Kochgut ausgesagt, was Anfang der 90er Jahre von Prof. Dr. Angelika Meier-Plöger an der Fachhochschule für Hauswirtschaft, Fulda, erneut bestätigt wurde. Leider wurde die Sonnenenergie dabei noch nicht berücksichtigt. Dr. Fritz Albert Popp (Technologie-Zentrum, Kaiserslautern) hat die nachlassende energetische Qualität von Kühlschrank- und Gefriertruhen-Gut inzwischen mittels Lichtphotonen wissenschaftlich nachvollziehbar bestätigt.

Natur-Vorratshaltung

Unser Leitmotiv bei der Lebensmittelbevorratung und -lagerung war die Vermeidung jedes zusätzlichen Energieeinsatzes. Außer den erwähnten Pyramiden sei in diesem Zusammenhang noch die Orgon-Platte (nach Wilhelm Reich) zu erwähnen, die wir als zusätzlichen Energiespender in der Kühlschrank-Pyramide liegen haben; sie kann leichter selbst gebaut werden als die Pyramide, bei der ein Winkel von 51, 8° und die Ausrichtung der Seitenflächen nach den Haupthimmelsrichtungen unabdingbar ist, wenn die Pyramide funktionieren soll. Das Buch »Die Praxis der Pyramidenenergie« enthält alle wesentlichen Erfahrungen mit Pyramiden im täglichen Gebrauch, auch zum Selbstbau.
Die Orgon-Platte hat nach neueren Forschungen – im Gegensatz zur Pyramide – keine mumifizierende, sondern eine hydrierende (also feuchtigkeitssammelnde) Wirkung. Sie dürfte aber ansonsten ähnlich energetisch-aufladende Ergebnisse bringen wie eine Pyramide. Es ist bedauerlich, daß diese sanften energetischen Wirkun-

gen nicht systematisch und grundlegend erforscht werden, nur weil die Messungen sich nicht mit dem herkömmlichen, groben Instrumentarium der sogenannten Naturwissenschaft (die meilenweit von der Natur entfernt im Elfenbeinturm residiert) erfassen und messen lassen. Die Kühlschrank-Pyramide und Orgon-Platte dienen der aktuellen Vorratshaltung, vor allem für zugekaufte und angebrochene Lebensmittel.

Erdkeller oder Erdtrommeln

Zur Einlagerung von Wurzelfrüchten und Gemüse haben wir einen Erdkeller gebaut. Hier gibt es die verschiedensten Variationsmöglichkeiten. Wichtig ist vor allem, daß eine ausreichende Be- und Entlüftung vorgesehen wird, die bei Frost gedrosselt oder ganz verschlossen werden kann. Zudem sollte man den Erdkeller ringsum mit einer Erddecke von 80 bis 100 cm (ein idealer Wärme- und Kälteregulator) umhüllen. Schließlich sollte der Zugang möglichst durch zwei dicht schließende Türen erfolgen, d. h. es sollte eine Temperatur-Pufferzone (Abstand: mindestes gut eine Türbreite) dazwischen entstehen, so daß vor allem die Innentüre die Schwitzwasserbildung verkraften kann, ohne zu faulen.[5]
Nicht alle haben jedoch Platz und Möglichkeiten, einen solchen Erdkeller im Hinterhof oder im an das Haus anschließenden Garten zu bauen. Bei häufigen Einkauf und wenig eigenem Anbau genügen oft schon eine oder mehrere ausrangierte Nirosta-Waschmaschinentrommeln. Diese werden als Erdtrommel tief genug eingegraben – und zwar auf eine Kiesschüttung, damit Regenwasser versickern kann – und darüber mit ausreichend frostsicherem Dämmaterial regensicher abgedeckt. Darin bleiben dann Wurzelfrüchte sowie Äpfel und Birnen monatelang knackfrisch. Obst und Gemüse sollte jedoch getrennt gelagert werden, weil der Reifeduft des Obstes das Gemüse schneller welk werden und altern läßt.
Noch haben wir unseren eigenen Anbau auf Küchenkräuter, Meerrettich und Obst beschränkt, da der Garten erst zum Ende der

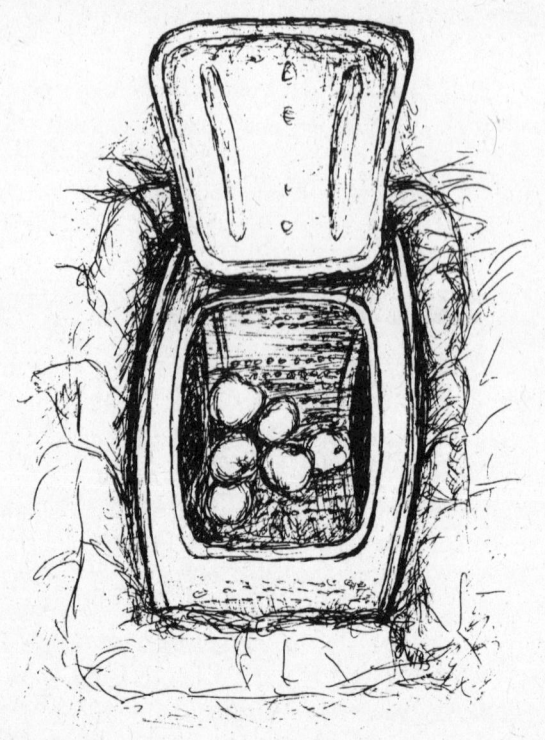

Eine ausrangiere Waschmaschinentrommel aus Nirosta dient innerhalb der »Naturvorratshaltung« ohne zusätzliche Energie als Winterlager für Obst oder Wurzelfrüchte, muß aber tief eingegraben, zusätzlich gut isoliert und vor starkem Frost geschützt werden.

Hausbauphase angelegt wird. Wenn jedoch reichlich Gartenfrüchte vorhanden sind oder günstig in entsprechenden Mengen – gerade auf dem flachen Land bei einer zunehmenden Zahl von ökologischen Betrieben – erworben werden können, können wir auch noch auf die altbewährte Einsäuerung zurückgreifen.

Trinkwasser – Lebensmittel Nummer Zwei

Wenn wir die Atemluft als Lebensmittel Nummer Eins betrachten – und das sollten wir durchaus tun –, dann stellt noch lange vor den festen Nahrungsmitteln das Trinkwasser das Lebensmittel Nummer Zwei dar. Wir wissen, daß der Mensch einige Wochen ohne Probleme fasten kann, wenn er ausreichend gutes Trinkwasser hat. Die klassische Fastendauer beträgt offensichtlich sechs mal sieben, also 42 Tage. Die geistige Einstellung ist gerade beim Fasten (im Gegensatz zum Hungern) entscheidend.

Leider konnten wir auf unserem Grundstück bis auf rund 20 Meter Mutungs-Tiefe durch hochqualifizierte Wassersucher keine ergiebige Quelle bzw. unterirdische Wasserführung ausmachen. So müssen wir uns im Notfall auf Regenwasser verlassen. Dafür haben wir eine rund acht Kubikmeter fassende Regenwasser-Zisterne (als nubisches Gewölbe aus härter gebrannten Ziegelsteinen) gemauert und innen verputzt. Leider ist sie bisher noch nicht dicht geblieben. Wir werden sie mit Wasserglas nachdichten.

Von der Wasser-Speicherung aber ganz abgesehen haben wir uns über Jahre hinweg intensiv mit der Wasserqualität beschäftigt, d. h. damit, wie das übliche, normale Leitungswasser wieder zu gutem Trinkwasser werden kann. Experten, die sich mit dem Verhalten von Wasser intensiver unter feinstofflich-energetischen Gesichtspunkten befaßt haben, kamen übereinstimmend zu der Auffassung, daß das Wasser generell als »das Blut dieser Erde« bezeichnet werden kann, ja eigentlich bezeichnet werden muß. Darüber hinaus ermittelten sie durch feinstoffliche Messungen, daß Wasser, wenn es unter Druck (der in den herkömmlichen Wasserleitungen bis zu 8 bar beträgt) durch kilometerlange Kunststoffleitungen getrieben wird, enorm leidet, d. h. es degeneriert mehr und mehr und kann seine Heilwirkungen, geschweige denn energetisch aufbauende Prozesse, kaum noch aufrechterhalten.

Gemeinhin wird Wasser bei uns zwar als Grundsubstanz vieler Lebensmittel und der meisten Getränke gerade noch toleriert, aber der wirkliche Wert des Wassers ist eigentlich so gut wie nicht bekannt. Deshalb wird es auch leichtfertig bis gedankenlos in unvorstellbaren Mengen einfach als »Schmutztransportmittel« (von der Wasserspültoilette bis zu sonstigen Wasch- und Reinigungsanlagen) verwendet bzw. verschwendet – im Grunde eigentlich mißbraucht. Da Wasser aber offenbar doch ein recht feinstofflich angelegtes Medium ist, speichert es alle Belastungen und reagiert insofern darauf, als es sich Negativeinträge, welcher Art auch immer, *merkt*, sie mitträgt und entsprechende Rückwirkungen zeigt: Geschmacksverlust des Leitungswassers, saurer Regen etc.

Diese Situation ist schlimm und sollte baldigst verändert werden. Die allgemein üblichen, materiell-meßtechnischen Verfahren zu Schadstoffeststellung reichen nicht mehr aus, um die wirkliche Qualität des Wassers auch nur annähernd erfassen oder gar bewerten zu können. Offensichtlich schmeckt das fast überall degeneriert aus den Wasserhähnen laufende Naß auch nicht mehr, während gutes, reines Wasser – Quellwasser in aller Regel – so gut schmecken kann, daß es von Wasser-Fans ohne jede »Aufwertung« durch Kaffee, Tee oder Säfte mit Genuß getrunken wird. Degeneriertes Leitungswasser dagegen ist so »schlapp«, daß es – nach Expertenmeinungen – kaum noch in der Lage ist, unerwünschte Fremdbestandteile (auch sogenannte Schadstoffe) durch die Wasserleitungen oder durch den Körper des Menschen hindurchzutragen; gutes, ursprüngliches und vitales Wasser dagegen vermag dies zu tun. Daher werden reine Schadstoffmessungen diesem vielgestaltigen Phänomen nicht mehr gerecht. Steinablagerungen in den Wasserleitungen wie im Menschen (Gallen- und Nierensteine bzw. Verkalkungen) scheinen die logische Folge zu sein. Zu allem Überfluß werden dann auch noch besonders hoch mineralisierte Wässer gekauft und getrunken. Was zu einer 4-Wochen-Trinkkur vorübergehend gut sein könnte, wird im Alltagsgebrauch maßlos übertrieben, abgesehen davon, daß nach Meinung von Fachleuten nur durch Pflanzen aufgeschlossene Mineralien (in Melonen, Obst und Gemüse) für den Menschen überhaupt vertretbar sind.

Weil Wasser *reagiert* – im Negativen wie im Positiven –, haben wir meist noch die Chance, es nachträglich auch wieder zu regenerieren. Wir haben uns deshalb seit rund zehn Jahren immer wieder mit der Regeneration und auch mit der nachprüfbaren zusätzlichen Vitalisierung im Sinne einer feinstofflich-energetischen Aufladung von Wasser befaßt und die verschiedensten Verfahren und Geräte erprobt. Der Geschmackstest (im Doppel-Blindversuch) und die Reaktion von Schnittblumen auf solch regeneriertes bzw. vitalisiertes Wasser sind immer wieder frappierende und uns vollauf überzeugende Ergebnisse.

Aus Leitungswasser wieder Trinkwasser werden lassen

Nach der Erprobung der verschiedensten Systeme haben wir seit Herbst 1993 nun den Wasserwirbler[6] (System Viktor Schauberger / Wilhelm Martin) an allen Duschausläufen und zusätzlich in der Küche für Koch- und Trinkzwecke noch das Dagn-Vitalisierungsgerät[7] davorgeschaltet und sehr gute Erfahrungen mit beiden sammeln können. Wahrscheinlich können wir damit sogar das gesammelte Regenwasser für Trinkwasser nutzbar machen – was noch zu erproben ist.

Trinkwasser einsparen

Bisher war von der Wasserbeschaffung und von der Wasserqualität die Rede. Sehr wichtig wird es in Zukunft werden, daß wir nicht weiterhin gedankenlos das Trinkwasser verschwenden.

Das WC – ein entwicklungsgeschichtlicher Fehltritt

Ein Drittel des täglichen Verbrauchs wird durch die Wasserspültoilette gejagt. Was die meisten Menschen in unserer »Zivilisation« noch immer als Komfort und Fortschritt betrachten, ist in Wirklichkeit und bei genauerem Hinsehen jedoch einen absoluter Rückschritt.

Erwiesenermaßen werden Krankheitserreger – sogar vorsätzlich eingeimpfte – in trocken kompostierten menschlichen Fäkalien (ebenso wie in tierischen Exkrementen) bei zwölfmonatiger Kompostierung durch die Temperaturentwicklung in der Kompostmasse vollständig und zuverlässig abgetötet. Dies wurde uns durch zahlreiche Untersuchungen (durch die Uni Stuttgart) bei unseren verschiedenen Komposttoiletten-Modellen in rund sechs Jahren wiederholt bestätigt.

Bei Toiletten mit Wasserspülung vermehren sich (laut 1981 durchgeführten Untersuchungen der Uni Helsinki, wie Wolfgang Berger, Hamburg, berichtete) die Krankheitskeime um das Dreifache. Was allenthalben also für hygienisch gehalten wird (die WC-Anlage), ist bei näherem Hinsehen eben genau das Gegenteil. Da sich der sogenannte zivilisierte Mensch hierzulande jedoch kaum für seine »Hinterlassenschaften« interessiert und auch kaum einen Gedanken daran verschwendet, daß alles Wasser im Kreislauf der Erde irgendwann wieder zu Trinkwasser werden wird, ändert sich herzlich wenig.

Trockenkompost-Toiletten

Prognosen zufolge sind Megastädte wie Mexico City in wenigen Jahren nicht mehr über Wasserspül-Kanalsysteme zu entsorgen. Es besteht die Gefahr, daß diese Massenansammlungen von Menschen am eigenen Unrat ersticken. Im Prinzip ist die Wasser-Spültoilette – eine Erfindung aus England, die damals gefeiert wurde, aber von weiterdenkenden und ökologisch bewanderten Menschen seit langem verurteilt wird – im Grunde längst überholt, und zwar seit der Schwede Linström das in unserem westlichen Kulturkreis erste Schrägboden-Trocken-Toilettensystem entwickelte, das in Skandinavien zu den dort seit langem genehmigten Standardlösungen für Ökohäuser zählt. Als fertige Wanne geliefert muß es vor der

Kellerdecke eingebaut werden, braucht praktisch meist einen Raum für sich, ist funktionssicher, dafür aber auch relativ teuer. Mit entsprechendem Aufwand kann ein solches System auch selbst gebaut werden. Ansonsten ist das System von Berger hierzulande mit Wartezeiten lieferbar.

Wir haben uns – nach Anleitung durch die Brunnenbauerin Dipl.-Ing. Marta Guoth-Gumberger – zunächst für das »2-Erdgruben-Modell« entschieden, das weltweit wohl am häufigsten für eine geordnete Fäkalienentsorgung eingesetzt wird. Zusätzlich benutzten wir vom Herbst 1992 bis zum Winter 1995 die testhalber eingebaute niederländische Kipptoilette, die ursprünglich für Hausboote entwickelt wurde, aber auch in Etagenwohnungen eingesetzt werden kann, da sie nicht übereinander, sondern hintereinander sammelt bzw. kompostiert.

Ein Erlebnis im Frühjahr 1994 zeigte mir noch eine andere Seite der WC-Problematik auf drastische Weise: Wir tagten in einem Jugendhaus am Waldrand, außerhalb von Bad Dürkheim/Weinstraße. Am Sonntagmorgen fiel die Wasserpumpe aus. Wer Frühaufsteher war, konnte noch das Restwasser aus den Spülkästen der WC-Toilette benutzen. Wer später aufstand, mußte in den Wald gehen, was bei der Waldnähe ja eigentlich nicht weiter problematisch war. Aber in dem Tagungshaus war gleichzeitig eine Gruppe Behinderter, die mühsam mit ihren Rollstühlen in den Wald gefahren werden mußten. Der Elektriker-Notdienst kam dann gegen Mittag und tauschte die Pumpe aus. Nun war der Schaden behoben, alle atmeten auf, und die »Zivilisation« konnte wieder ihren gewohnten Gang nehmen... Was wäre wohl, wenn der elektrische Strom plötzlich und gleich für mehrere Tage ausfallen sollte? WCs sind dann völlig unbrauchbar. Aber auch den Inhalt der üblichen Kühlschränke und Gefriertruhen könnte man wohl dann vergessen...

Grundsätzlich ist bei Trockenkompost-Toiletten eine Entlüftung über Dach anzustreben. Optimal erscheint dafür ein »Solarkamin«, dessen schwarze Außenwand durch die Sonne angestrahlt wird, so

Im Herbst 1988 wurde das aus Nordkorea/Vietnam stammende Doppel-Erdgruben-Humus-Composttoiletten-Modell (HC) nach den Angaben von Dipl.-Ing. Marta Guoth-Gumberger im Ökohaus Achberg aus Recycling-Materialien errichtet. Es ist seitdem in Betrieb – mit sehr guten Erfahrungen – und wurde inzwischen amtlich genehmigt.

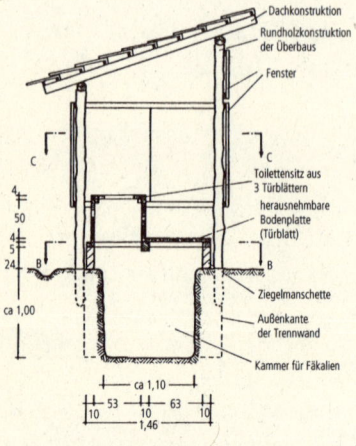

Querschnitte A-A mit (von unten aufsteigend) Erdgruben, Bodenplatte, Sitzbrett, Fenster und Überdachung

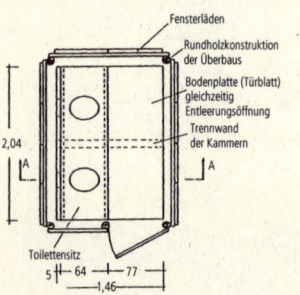

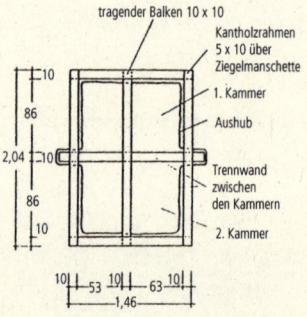

Grundriß B-B: Die quer verlaufende Trennwand ist aus Ziegelsteinen gemauert; darüber längs liegend ein Balken, der die Bodenplatte und die Sitzplatte (die konisch aus einem alten Türblatt ausgesägt wurde) trägt.

Grundriß C-C: Die Erdgruben-Trennwand ist hier gestrichelt; von den zwei Toilettenöffnungen ist immer nur eine für die aktuelle Benutzung freigegeben. Unter der verschlossenen reift der Inhalt der vollen Kompostgrube inzwischen zu wertvollem Gartendünger aus.

Das **kanadische Drehtrommel-Modell** stellt eine relativ preiswerte Kleinlösung für Familien bis etwa 4 Personen inklusive gelegentlicher Gäste dar und erscheint besonders für Etagenwohnungen leicht nachträglich ein- bzw. bei Auszug wieder ausbaubar zu sein. Ein Vorteil liegt darin, daß keine Falltiefe in das darunter liegende Gescß nötig ist.

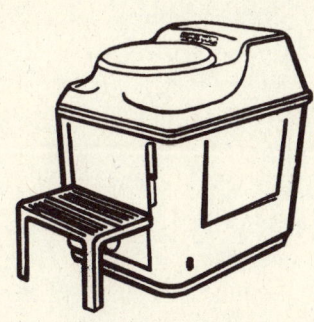
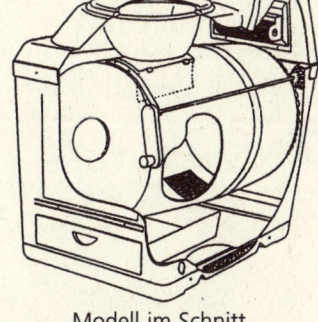

Ansicht von außen   Modell im Schnitt

Aus Schweden stammt das Konzept der **Clivus Multrum-Schrägboden-Kompost-Toilette**, das der Ing. Rikard Lindström in den 30er Jahren für sein felsiges Wochenendgrundstück erstmals entwickelte. Diese in Europa am meisten verbreitete Trocken-Kompostanlage wird inzwischen serienmäßig von Berger-Biotechnik GmbH in Hamburg angeboten und reihenweise in Ökosiedlungen eingebaut. Da es genügend Erfahrungen mit diesem System gibt, haben wir das Modell im Ökohaus Achberg nicht verwendet. Es eignet sich vorzugsweise als Lösung für Eigenheime und muß vor der Bodenplatte komplett eingebaut werden.

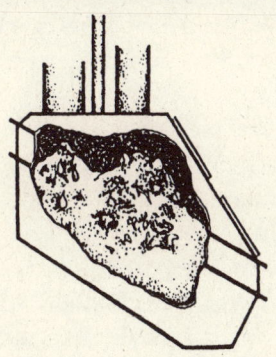
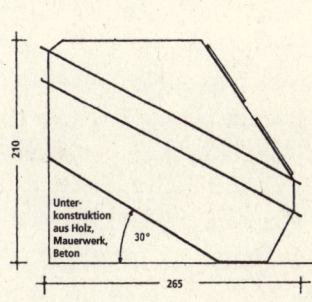

daß ein Luftauftrieb (Vakuum) entsteht, der die Toilettenabgase nach oben und nach außen zieht. Mit einem 2-Watt-Minimotor (der in das Rohr unten in ein durchsichtiges Plexiglasstück eingebaut wird) kann für sonnenlose Tage auch eine ausreichende Entlüftung eingebaut werden. Genauso wichtig ist jedoch eine ausreichende Menge kohlenstoffhaltigen Einstreumaterials (Küchenabfälle, Sägemehl/Hobelspäne, schwarze Johannisbeer-Trester oder Rindenschrot – und wenn das alles nicht greifbar ist, tut es auch feine Erde), von dem nach jedem Geschäft ein Schäufelchen eingestreut wird. In ländlichen Gegenden hat sich die Doppel-Erdgrube bestens bewährt; sie empfiehlt sich auch, wenn genügend Platz im Haus oder drumherum vorhanden ist, und stellt weltweit wohl das am meisten verbreitete System dar.

Sobald die Fäkalien in eine unten und seitlich sickersaft-feste Grube fallen, sollte für die von der Trockenmasse nicht aufgesaugte Überschußflüssigkeit ein Urinabscheider eingebaut werden. Diese überschüssige Flüssigkeit, die kaum riecht, kann gut zum Befeuchten des eventuell zu trockenen offenen Komposthaufens im Garten verwendet werden, da sie nährstoffhaltig ist.

Eins ist allerdings unabdingbar: Kein Tropfen zusätzliches Wasser in die TROCKEN-Toilette gießen! Wasser macht aus der Kompostmasse sehr rasch eine stinkende, faulige Sache – ähnlich der Gülle (auch ein Irrweg der Agrarwirtschaft!), die in Grünlandgegenden Mensch und Umwelt belastet, oder des früher üblichen, meist bestialisch stinkenden Plumsklos, das mit einer richtig angelegten und sachverständig gewarteten Humus-Trockenkompost-Toilette wirklich nur noch die Falltiefe gemeinsam hat.[8]

Auch die psychologische Seite sollte beachtet werden! Wir haben mit unserer lieben Nachbarin erheblichen Ärger bekommen, als sie davon hörte, daß wir eine Trockenkompost-Toilette haben. Zu riechen war allerdings so gut wie nichts, was uns sowohl der herbeizitierte Leiter des zuständigen Gesundheitsamtes als auch die kontrollierenden Gemeinderatsmitglieder und die Baubehörde bestätigten. Aufgrund dieser massiven Vorwürfe machten wir uns so-

zusagen gezwungenermaßen schlau und ließen uns die Unbedenk-
lichkeit letztlich durch Temperaturmessungen sowie durch bakte-
riologische und physikalisch-chemische Untersuchungen des End-
ergebnisses amtlich bescheinigen. Das Thema Toilette ist in
unserem Kulturkreis eben ein Tabu, das emotional wohl kurz vor
dem Thema Tod und Sterben rangiert – was allerdings genauso
falsch ist.

In diesem Winter 1994/95 sind wir noch immer auf der Suche nach
soliden technischen wasserlosen Kompost-Toiletten-Lösungen für
den Wohnungsbereich, um die WC-Schüssel einfach bei Ein- oder
Auszug gegen eine leicht handbare trockene technische Lösung
austauschen zu können. Die Frage bleibt dabei eben: Wohin mit
dem mehr oder weniger ausgereiften Fäkalienkompost? Wir werden hier gemeinsam mit anderen Interessenten vor allem über aus-
tauschbare Klein-Container-Lösungen nachdenken und diese Ver-
sion praktisch im Öko-Modell-Projekt Achberg erproben.

Statt Entlüftungs-Kamin – vitalisiertes Urgesteinsmehl?

Inzwischen haben wir Juli 1995. Unsere vierwöchige Versuchsrun-
de mit der kanadischen Drehtrommel-Komposttoilette ist im ersten Anlauf gescheitert. Das Flüssigkeitsüberschuß-Ablaufröhrchen
war zu klein dimensioniert, die zu kompostierende Masse wurde
deshalb zu feucht, unangenehme Gerüche stellten sich ein, automatisch mehr Fliegen als akzeptabel und – Ratlosigkeit bei uns.

Wir wollten die an sich von Herstellerseite vorgesehene Entlüftung über Dach vermeiden, weil sie für Stadtwohnungen eine ern-
ste Anschaffungsbremse darstellen dürfte (wer gestattet als Haus-
besitzer schon dem vielleicht nur kurzfristig im Hause wohnenden
Mieter Deckendurchbrüche nach oben? Und auch ein Entlüftungs-
schlauch zum Toilettenfenster – das dafür umgebaut werden müßte – wird kaum begeistert genehmigt werden...

Da fiel mir das energetisierte Urgesteinsmehl-Pulver von Josef
Dagn, Laufen, ein, der – ähnlich wie Plocher – damit sehr gute

Erfolge bei Gülle und Flüssigmist erzielt haben soll. Wir nahmen mit seinem Umwelttechnik-Versuchslabor Verbindung auf, erhielten einige Pfund des begehrten Pulvers und starteten den ganzen Drehtrommel-Komposttoiletten-Versuch nochmals neu. Zusätzlich wurden – wegen möglicherweise eindringender Fliegen – alle Zu- und Abluftöffnungen bei der Anlage mit Fliegengittern versehen, und selbst die sehr schmalen Ritze unter der Toiletten- Brille wurden mit Dichtungsstreifen abgedichtet. So kann Frischluft eintreten, aber alles Unerwünschte kann hoffentlich ferngehalten werden.

Die Konzeption einer Toiletten-Entlüftung ist im Grundsatz sicher richtig. Wir sind jedoch zu der Ansicht gekommen, daß es wichtiger ist, die sogenannten Toilettendüfte (die eigentlich nur typische Ammoniak-Gase darstellen, die vor allem der abgestandene Urin nach etwa fünf bis sechs Stunden in Richtung Gärung entwickelt und als Nachttopf-Geruch bekannt und verpönt sind) gar nicht erst entstehen zu lassen, statt sie zu erzeugen und dann auch entfernen zu müssen. Mit dem Urgesteinsmehl – zumal energetisiert nach Dagn – müßten wir eigentlich auch ohne Entlüftungs-Kamin auskommen, jedenfalls wäre das ein enormer Fortschritt im Sinne einer ungehinderten Verbreitung einer einfachen und recht preiswerten Volks-Trocken-Kompost-Toilette, wie wir sie uns vorstellen und anstreben möchten...

Diese Grunderfahrungen möchten wir deshalb auch in zukünftige Systeme für diesen Wohnungs-Einsatz berücksichtigen. Vielleicht gelingt es uns ja, eine einfache Lösung (Holzstuhl mit Holzbrille und später verschließbarem Plastik-Recycling-Farbeimer + Urgesteinsmehleinstreu) für sparsame Wohnungsinhaber wie für Kleingartenbesitzer zu entwickeln und gleichzeitig eine komfortablere Lösung anzusteuern. Bei beiden muß die möglichst geruchsfreie Fertig-Kompostierung im geschlossenen, sogar stapelbaren Recycling-Plastikeimer gute Kompostergebnisse ergeben. Ein solcher Eimer mit Fertigkompost kann dann als Mitbringsel zur nächsten Gartenparty bei Freunden mitgenommen werden (ein Aha- und

Überraschungseffekt ist sicher, und das Gesprächsthema für den Partyabend wird auch gleich mitgeliefert!) Übrigens, wer keinen Garten hat, kann damit sicher tolle Tomaten auch auf dem Balkon ziehen; denn gerade Tomaten danken die kräftige Stickstoffgabe mit sattgrünem Blattwuchs und großen Früchten...

Der Vorteil von Urgesteinsmehl überhaupt liegt außerdem noch in der Aktivierung der Bodenlebewesen und des Kompostierungsvorgangs.

Gleich- statt Wechselstrom

Zu unserem Grundkonzept der ökologischen Haustechnik gehörte von vornherein eine 24-V-Gleichstromanlage anstelle des sonst üblichen 220-V-Wechselstromanschlusses. Glücklicherweise war hier in Achberg, an der Grenze zwischen Baden-Württemberg und Bayern, kein obligatorischer Anschlußzwang (nur beim Trinkwasser- und Abwasseranschluß), wie ihn viele Kommunen in Neubaugebieten vorschreiben.

Wohl haben wir unterschätzt, was eine autarke Photovoltaik-Anlage als alleinige Stromquelle für Detailprobleme mit sich bringen kann, wenn man von Hause aus nicht auf Elektrotechnik spezialisiert ist. Zwar fand sich in dem jungen Elektromeister Max Staudacher und etlichen sehr sachkundigen Elektroniker-Freunden recht bald ein Team erfahrener Niedervoltanlagen-Kenner zusammen, aber wir blieben bis heute auf den Sachverstand (und die meist fehlende Zeit) dieser Experten angewiesen und waren, ehrlich gesagt, mehrfach nahe daran, das Handtuch zu werfen und uns doch ans Netz anschließen zu lassen. Aber das käme einer Kapitulation gleich. Und nachdem wir so viel an Mitteln, Zeit, Mühe und Hoffnungen in diesem Bereich investiert haben und bereits auch schon mit Enttäuschungen fertiggeworden sind, versuchen wir weiterhin, das Konzept doch noch durchhalten zu können. Leichten Herzens empfehlen können wir es den vielen Interessierten, die hier anfragen, derzeit (noch?) nicht. Die solare Warmwasserbereitung dagegen empfehlen wir uneingeschränkt, denn nach etwa rund fünf Amortisierungs-Anfangsjahren können wir nun quasi solar gewonnenes Brauchwasser zum Nulltarif tanken – wann immer die Sonne scheint!

Doch zurück zum elektrischen Strom. Außer für die Beleuchtung und zum Nachladen der Werkzeug-Akkus brauchen wir bislang keinen elektrischen Strom. Halogen-Lämpchen (wie sie im Kfz-Bereich üblich sind) helfen uns, den Stromverbrauch drastisch zu reduzieren. Sparen wird aber trotzdem immer noch groß geschrieben.

Warum nun Gleichstrom und kein Wechselstrom? Die meisten Leute wissen gar nicht, daß Thomas Alva Edison, Ingenieur aus Ohio (USA), 1879 ursprünglich eine Gleichstrom-Glühlampe erfunden hatte. Leider sind für die niedrigen Voltmengen (wie bei Autobatterie-Leitungen) äußerst dicke Kabel erforderlich, weil der niedervoltige Gleichstrom sonst riesige Energieverluste verursacht. Folglich war damals, zu Edisons Zeiten, eine elektrische Nutzung nur über ganz kurze Entfernungen möglich, d. h. Stromerzeugung und -verbrauch mußten ganz nah beieinander liegen. Dieses technische Handicap löste der kroatische Physiker und Elektrotechniker Nicola Tesla 1891 mittels dem nach ihm benannten Transformator, dessen Sekundärwicklungen hochfrequente Wechselströme (Tesla-Ströme) erzeugten, mit denen elektrischer Strom bei relativ geringen Verlusten über Tausende von Kilometern geleitet werden konnte und dabei Stromerzeugungsort und -verbrauchsort ebenso weit auseinanderliegen konnten.

Elektro-Streß durch »wilden« Wechselstrom

Tesla war zwar ein genialer Erfinder, aber da er eben Techniker bzw. Elektroniker und kein Biologe war, erkannte er nicht, was der hochfrequente Strom im direkten menschlichen Umfeld auslöst. Im *Neuen Großen Volkslexikon* von 1979, dem ich die persönlichen Daten von Tesla entnehme, steht wortwörtlich zu lesen: »... sind Tesla-Ströme physiologisch ungefährlich«. Inzwischen weiß man von Baubiologen (einschließlich dem Elektro-Experten Dr. Volkrott, ein früherer Siemens-Direktor), daß sowohl die Wechselstromleitungen als auch die Funkverbindungen und die Rundfunk-/TV-Sender eine absolute Belastung für Mensch, Tier und Natur darstellen. Es gibt sogar Vermutungen, wonach das sogenannte Waldsterben stärker durch solchen Elektro-Streß ausgelöst wird als durch alle anderen bekannten Verursacher insgesamt. In diesem Sinne erscheint es keineswegs übertrieben, in dichtbesiedelten Gebieten von einem »Elektrosmog« zu sprechen[9].

Da ich von diesen Zusammenhängen bereits Anfang der 80er Jahre gehört hatte, wollte ich im Ökohaus keinen Wechselstrom mehr installieren. In Häusern, wo (noch) Wechselstrom vorhanden ist, kann durch einen Netzfreischalter sektoral und vor allem nachts für den Schlaf- und Wohnbereich eine elektrosmogfreie Zone und damit ein weitgehend störungsfreies Umfeld für die Regenerationsphase geschaffen werden.

Es könnte auch der in das Haus (wegen des Erdmagnetfeldes am besten von Süden her) eingeführte Wechselstrom gleich nach dem Zählerkasten in sanfteren Gleichstrom umgewandelt werden. Allerdings müssen dann auch sämtliche Antriebsmotore im Haushalt auf Gleichstrom laufen, was zumindest nicht üblich ist und am ehesten mit Geräten aus dem Camping- und LKW/PKW-Bereich möglich sein dürfte. Wenn es nur um die Beleuchtungs-Stromversorgung geht, sollen die zuvor benutzten Wechselstromleitungen – so meinen befreundete Elektroberater – mit entsprechenden Umwandlungs- und Leitungsverlusten bis zu einem Verbrauch von 100 Watt in der herkömmlichen Form auch für Gleichstrom ausreichend sein. Uns ist natürlich klar, daß auch der Gleichstrom nicht »gesund« sein dürfte, im Vergleich zu Wechselstrom aber doch eher harmlos.

Solarstrom

Zugegeben, die ersten Jahre hatten wir winters oft ernsthafte Engpässe mit dem Solarstrom, da wir uns nicht an das allgemeine Stromnetz anschließen ließen. Wir haben manches Kilo Kerzen verbrannt, weil der Himmel drei Wochen bedeckt blieb und unsere Solarzellen zweiter Wahl inklusive der Recycling-Nickel-Kadmium-Akkus (aus alten U-Boot-Beständen) einfach auf null heruntergingen. Einige Zeit dachten wir an einen Styrling-Motor, der auch mit Holz beheizbar ist und sowohl Hauswärme als auch Strom liefern sollte. Aber eine Anlage für unsere Bedürfnisse und Möglichkeiten war damals noch nicht in Sicht.

Auch die Idee, mit einer in den Heizkessel eingebauten Heißwasserschlange über einen Dampfmotor nutzbare Energie zusätzlich zu tanken, gaben wir auf, als wir hörten, daß die Maschine während des Laufs ständig zischende Geräusche von sich gibt, die – im Luftschacht aufgestellt, weil sonst kein Raum mehr vorhanden war – dann im ganzen Hause zu hören gewesen wären – nein danke!

Um diesen Energie-Engpaß gerade im Winter, wenn mehr Licht benötigt wird und weniger Sonnentage verfügbar sind, einigermaßen zu überbrücken, entschlossen wir uns dann schweren Herzens, nochmals vier weitere Solarpanele zur Stromerzeugung auf das Wintergartendach zu legen, welche nicht dem Sonnenstand nachgeführt werden können, sondern starr auf etwa 45° Dachneigung ausgerichtet sind.

Wir hörten, daß zwei neuere Erfindungen – in der Schweiz und in den Vereinigten Staaten – die photovoltaische Stromerzeugung etwa auf ein Zehntel bzw. bis zu einem Hundertstel (siehe S. 153) der bisher üblichen Kosten reduzieren soll. Nach neueren Informationen in Insider-Kreisen soll demnächst nur ein Farbanstrich an der Hauswand sogar genügen, um fast gratis Strom von der Sonne zu zapfen. Aber auch das Drumherum, d. h. die Energiespeicherung in Batterien oder Akkus, geht allerdings ganz schön ins Geld. Wir rangierten die sehr billigen Recycling-U-Boot-Akkus (Ni-Ca-Akkus) aus (leider zu vorschnell, wie sich zeigen sollte) und ließen uns zu Varta-Solar-Batterien überreden. Diese haben sich offenbar bei unserer monatelangen winterlichen Abwesenheit absolut zu tief entladen und hatten dadurch eine Lebensdauer von nur rund zwei Jahren.

Im Sommer 1993 wurde unsere Solaranlage dann von Elektromeister Werner Däumling grundlegend überprüft; er besorgte uns auch einige wenig gebrauchte Block-Akkus, denen er noch eine Lebensdauer von bis zu 20 Jahren vorhersagte.

Zwei Notstrom-Aggregate – für alle Fälle

Gleichzeitig überließ er uns aus seinem Test-Arsenal zwei Notstrom-Aggregate (Honda), die alternativ mit Einfach-Benzin angefahren werden und dann auf Flüssiggas umgestellt werden können. Beide gehen recht leicht zu starten und können gegebenenfalls auch von einem heranwachsenden Kind bedient werden.

Während das 500-Watt-Gerät bei wochenlangem Sonnenentzug die Akkus mit geringstem Energieaufwand nachladen kann, treibt das 1500-Watt-Aggregat die noch vorhandenen Wechselstrom-Elektromaschinen an. Wir haben jedoch schon die elektrischen Bohrer/ Schrauber und Stichsägen gegen Akkugeräte von Makita und Black & Decker mit gutem Erfolg auch bei häufiger Beanspruchung ausgetauscht.

Elektro-Akku-Werkzeuge erleichtern
den Ökohausbau erheblich

An stark energie-beanspruchenden herkömmlichen Elektrowerkzeugen wurden vor allem die Kreissäge und eine neu angeschaffte Kettensäge eingesetzt, da mit ihr das winterliche Brennholz relativ rasch kleingeschnitten werden kann. Dafür muß eben leider immer das große Honda-Aggregat angeworfen werden, das mit seinen 1500 Watt diese Maschinen locker antreibt. Sobald der Vergaser nach etwa zehn Minuten Laufzeit heiß genug ist, wird auf Flaschengas umgestellt, was offensichtlich weniger umweltbelastend ist.

Für die vielen kleineren Handarbeiten haben wir häufig flinke Akku-Bohrer/Schrauber (von Black & -Decker) und Elektro-Stichsägen (von Makita) eingesetzt. Bei diesen mit kleinen Ni-Ca-Akkus ausgestatteten Geräten kommt es darauf an, daß sie grundsätzlich völlig entladen sein sollen, bevor sie an den Ladegeräten wieder neu aufgeladen werden. Beim Black & Decker-Bohrer/Schrauber dauert das runde 12 Stunden, was mit Wechsel-Akku gerade noch so zu akzeptieren ist. Bei Makita (mit Schnellader) ist der Wechsel-Akku nach gut einer Stunde mit Solarstrom vollgetankt und wieder einsatzbereit. Von beiden Firmen wurden nach etwa gut drei Jahren Ersatz-Akkus angefordert, weil die erste Generation (nach einigen hundert Aufladungen) offensichtlich verbraucht war.

Die Erfahrungen mit diesen Akku-Werkzeugen sind jedoch grundsätzlich gut, und es ist sehr angenehm, ohne allzu laute Arbeitsgeräusche und kabelfrei überall damit arbeiten zu können, ohne von einer akuten Stromversorgung über Strippen am Arbeitsort abhängig zu sein. Die Bosch-Lehrwerkstätte in Leinfelden-Echterdingen wollte auch noch ein Test-Gerät stiften, das bis jetzt allerdings noch nicht eingetroffen ist. Auch die jungen Bauhandwerker und -praktikanten arbeiten sehr gerne mit diesen Akkugeräten, die sie meist noch nicht kennen.

Übrigens, mit dem Solarstrom-Regler hatten wir gelegentlich immer wieder einmal Probleme. Auch hier ist die Entwicklung weitergegangen, wie wir anläßlich eines Erfahrungsaustauschs mit dem Solartechnik-Spezialisten DipI.-Ing. Benno Meyer, Immenstaad, feststellen konnten. Hier gibt es ganz neuartige Meß- und Regeltechniken, die er uns demnächst demonstrativ vorführen und einbauen wird. Dann wissen wir wenigstens, wieviel Solar-Gleichstrom wir wirklich erzeugen können und wie stark der Verbrauch zu den verschiedenen Zeiten tatsächlich ist. Bisher tappten wir da noch ziemlich im dunkeln.

Im Windloch läuft keine Windmühle

Bereits vor Baubeginn hatten wir einen Windgenerator (einen Dreiflügler/Schnelläufer) günstig erworben. Von den Motorsportfliegern bei Lindau erfuhren wir dann jedoch, daß der Wind über dem rund 70 km langen Bodensee zwar beachtliche Geschwindigkeiten entwickelt, dieser Wind jedoch zu den nahen Alpen hingezogen wird und dort aufsteigt, während wir im 10 km entfernten Achberg davon so gut wie nichts abbekommen. Daraufhin haben wir auf die Aufstellung des Windrades verzichtet (obwohl es in Baden-Württemberg durch ein OLG-Urteil bis 12 m Höhe nicht untersagt werden kann, wenn es dem allgemeinen Sicherheitsstandard entspricht) und das Ganze komplett Eduard Nölker, der zweimal aktiv als Bauhelfer bei uns mitwirkte, zur Aufstellung in seiner Heimat, dem windigen Tecklenburger Land, überlassen.

Keine Pflanzenklär- oder Biogasanlage

Wir verzichteten auch auf zwei weitere, sonst durchaus übliche Öko-Techniken: eine Biogas- und eine Pflanzenkläranlage. Nachdem wir uns für die Trockenkompost-Toilette entschlossen hatten und damit eine Menge Erfahrungen sammeln und weitergeben konnten und können, fallen außerdem kaum noch Reststoffe an. Gewiß, unser Grauwasser könnten wir klären und gewissermaßen recyclen.

Aber da es hier so unvorstellbar viel regnet und unsere Regenwasser-Sammelbehälter meist überlaufen, hat die Abwasser-Wiedergewinnung bei uns einfach keine Priorität bekommen (was für andere Landstriche sicherlich völlig anders aussieht). Allerdings vermeiden wir wegen grundsätzlicher Bedenken bewußt und konsequent jegliche leichtfertige Wasserverunreinigung.

Es gibt inzwischen allerdings sehr weit entwickelte Wurzelraum-Entsorgungsanlagen (wie die »Pflanzenkläranlagen« der neueren Generation nunmehr genannt werden), und mein Freund Gunter Geller – Landschaftsarchitekt und seit über sieben Jahren Forscher in diesem Bereich – führt inzwischen europaweit Beratungen und Planungen durch, nachdem das Interesse gerade in Osteuropa sprunghaft angestiegen ist. Mangels ausreichender Mittel geht man dort offensichtlich unvoreingenommener auf neue Techniken und biologische Lösungen zu als hierzulande.

Biogas-Anlagen – das zeigten die gemeinsamen Energie-Alternativ-Seminare an der Landtechnik Weihenstephan vor über zehn Jahren – sind hierzulande sehr kostenaufwendig, weil die TÜV-Vorschriften bei uns extrem streng sind. Außerdem muß das erzeugte Biogas laufend verbraucht werden, weil es in diesen Mengen bisher nicht kostengünstig zu lagern ist.

In Indien (davon konnte ich mich 1978 selbst überzeugen) werden Einfach-Biogas-Anlagen zu 50 % staatlich bezuschußt und sprießen daher zu Millionen aus dem Boden...

Wäschewaschen von Hand
– eine Zumutung?

Bei zwei für uns inzwischen selbstverständlich gewordenen Haushaltspraktiken streiken die meisten Besucherinnen und Besucher: beim fehlenden Kühlschrank und bei der nicht vorhandenen Wasch-

Auch der Waschtag verläuft im Ökohaus anders: Hier gibt es - nach Omas Art - einen Wäschestampfer, der hier als Saugglocke von Hand betätigt wird. Bei uns fällt keine Tischwäsche an, und aufgrund der Wollwebpelz-Betten auch keine Bettwäsche. Daher lassen sich das bißchen Leibwäsche und die Handtücher auf diese altmütterliche Art auch von zwei Senioren gut bewältigen...

maschine. Beim Kühlschrank lassen manche Hausfrauen ja noch mit sich reden, insbesondere wenn sie auch vegetarisch leben und (schon) vorwiegend auf eine einfache Lebensweise hin orientiert sind. Bei der fehlenden Waschmaschine jedoch fallen öfters halblaute Bemerkungen wie »Ausbeutung, eine Zumutung bei kleinen Kindern« usw. Deshalb lasse ich am liebsten meine Frau diesen Teil der monatlichen Hausführungen übernehmen[10]. Das Waschen mit dem Wäschestampfer kann von Frau zu Frau offensichtlich einleuchtender vermittelt werden, als wenn ich aus der kritisch betrachteten Männerperspektive allzuviel zum Thema Wäschewaschen sage (obwohl ich mir als Strohwitwer damit jahrelang recht gut zu helfen wußte!).

Da ich mich – vor dem Ökohausbau – eingehend mit dem Bekleidungsthema beschäftigt habe, möchte ich hier im Gesamtrahmen der einfachen ökologischen Lebensweise meine Kenntnisse, Beobachtungen und Erfahrungen zumindest zusammenfassen:

Optimal ist Wolle/Seide auf der Haut und als Bettmaterial. Wir schlafen seit rund 15 Jahren grundsätzlich in Naturwollbetten ohne Bettbezüge, d. h. daß wir die Bettwäsche schon mal hundertprozentig einsparen. Dann tragen wir grundsätzlich tierische Eiweißfasern (Wolle und Seide), die man zwei bis drei Wochen ohne hygienische Probleme tagsüber tragen kann, wenn man sie nachts gut lüftet. Also fällt die Leibwäsche in nur geringem Umfang an. Das ergibt alles in allem etwa nur noch 15 bis 20 % Gesamtwäsche, verglichen mit dem Normalverbrauch an Textilien, zumal wir auf die wunderschönen, blankgescheuerten Tische auch keine Tischdecken auflegen.

Unter diesen Vorzeichen akzeptierte meine Frau das Waschen von Hand grundsätzlich. Eine erhebliche Erleichterung bietet dabei der altväterliche Wäschestampfer, den ich als Junge abwechselnd mit meinem ältesten Bruder Heinz bedienen mußte, was ich zugegebenermaßen damals nicht gerade mit wahrer Begeisterung tat. Heute habe ich allerdings eine völlig andere Einstellung dazu und stampfe deshalb auch die zehn Minuten als Bewegungsausgleich zu der sitzenden Schreibtätigkeit. Außerdem weiß ich aus Beobachtung, daß die Wäsche in der Maschine sehr verschlissen wird, d. h. man wäscht sie mit der Zeit »kaputt«. Da die hochwertige Woll- oder Seidenwäsche nicht nur wertvoller ist als die übliche Pflanzenfaser (Baumwollwäsche), sondern auch erheblich teurer, sucht man automatisch nach sinnvollen Alternativen zum Verschleiß bei der Maschinen-Wäsche.

Genau besehen ist das Wäschestampfen[11] selbst wirklich ein Kinderspiel, während das Auswringen eine körperlich sehr anstrengende Arbeit ist. Deshalb versuchten wir, hier auf die alte mechanische Auswringart zurückzugehen und bekamen von Friedrich und Stefan kurze Zeit hintereinander jeweils einen recht gut erhaltenen älteren Wäschewringer geschenkt. Nun müssen wir dafür nur noch ein praktikables Untergestell in entsprechender Arbeitshöhe bauen.

Übrigens: Mit Gleichstrom und solar erwärmtem Wasser (bis 80° C) ließe sich eine Waschmaschine auch »alternativ« betreiben...

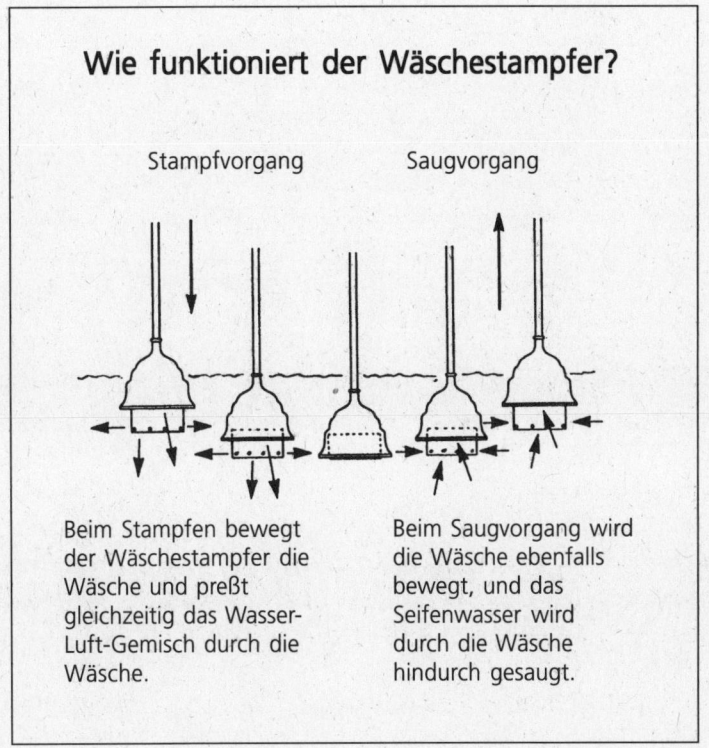

Wie funktioniert der Wäschestampfer?

Stampfvorgang   Saugvorgang

Beim Stampfen bewegt der Wäschestampfer die Wäsche und preßt gleichzeitig das Wasser-Luft-Gemisch durch die Wäsche.

Beim Saugvorgang wird die Wäsche ebenfalls bewegt, und das Seifenwasser wird durch die Wäsche hindurch gesaugt.

Originelles Drumherum

Ein »Hundertwasser«-Kiesel-Pflaster vom Argenwildbach

Irgendwann war der eher düster, gar nicht einladend wirkende Nordhof an der Reihe. Zunächst wurde über das Pflastermaterial diskutiert. Da wir allzu harte Steine vermeiden wollten, kam schließ-

Im Nordhof das Kieselwacken-Pflaster, die umrankten Regenwassertonnen und braunen Glasflaschen in der Werk- und Kunsthalle. Die Stangen aus geschälten Weiden geben den Fahrrädern bequemen Halt.

lich nur gebrochener Kalkstein aus dem Bregenzer Wald oder Ziegelklinker in die engere Wahl. Schließlich entschieden wir uns dann aber doch für Flußkieselsteine verschiedener Größe aus dem nahen Argenwildbachtal. Einmal, weil sie sehr verschieden, also äußerst individuell in Größe, Farbe und Zeichnung vorkommen, zweitens weil sie nicht wie Ziegelsteine künstlich gemacht sind und schließlich auch aus preislichen Gründen – sie kosteten sehr wenig, und wir hätten sie sogar auch selbst aufsammeln können.

Dann ging es um die Hofgestaltung. So ganz tellereben wollten wir sie nicht verlegt haben, seit wir den Hundertwasser-Boden in dem von diesem Außenseiter umgestalteten Stadthaus in Wien gesehen hatten und auf ihm gegangen waren. Leichte, sanfte Unebenheiten hält Friedensreich Hundertwasser erst für menschenwürdig! Er ist gegen das sprichwörtlich ermüdende asphalt- oder betonebene glatte Straßenniveau, weil es dem menschlichen Körper eine zu einseitige Belastung abverlangt, statt dem mit jedem Auftritt unterschiedlichen Geh-Niveau bei gewachsenem Boden in der freien Natur.

Gefährliche Stolperstufen dürfen dennoch natürlich nicht entstehen! Wir fanden dann in Helmut Rumland einen Landschaftsgärtner, der sofort auf unsere Wünsche einging und ein recht originelles Kieselpflaster aus dem wilden Steinhaufen zauberte. Der Untergrund wurde aus grobem Kies geschaffen, der abgerüttelt wurde, darauf kam feiner Splitt und darauf dann das eigentliche Pflaster, das abschließend mit gebrochenem Sand abgekehrt und eingeschlämmt wurde, so daß es nahezu wasserfest wurde.

Laubengang aus Hainbuchenhecken

Bei den Nebenwegen begaben wir uns dann selbst an die Pflasterei und waren überrascht, wie flott das voranging und welche Ornamente unser Praktikant Kay am Ausgang zum Garten hin manifestierte.

Gute Erfahrungen machten wir auch mit etwa dreijährigen Hain-
buchenheistern, die wir, als sie groß genug waren, oben zu einem
Laubengang zusammenflechten konnten. Als Sichtschutz und Wind-
schutz sind sie hervorragend geeignet.

Der Rosen-Pavillion –
ein Plätzchen für zwei

Im südlichen Gartenbereich, vom Wintergarten aus gut einseh-
bar, entstand ein Rosen-Pavillion aus starken Haselnußästen als
Tragegerüst (wir haben sie reichlich auf dem Grundstück vorge-
funden, und die Eichkätzchen wissen sie im Herbst auch zu schät-
zen); das Ganze ist von einer Brombeersorte mit sehr großen, aro-
matischen Früchten sowie von Knöterich durchwachsen und von
zwei kleinen Berner Rosenäpfel-Bäumchen eingerahmt. Letztere
wurden leider sehr bald vom Knöterich überschattet und nahezu
erdrückt. Auch häufiges Zurückschneiden half nur begrenzt, zudem wurde ihnen ja laufend das Wasser entzogen! Im Pavillion
selbst lädt ein starkes Sitzbrett zum Verweilen ein – auch zu zweit.
Der originelle und oft bestaunte Pavillion brach leider zweimal
zusammen, weil wir die grünen Haselnußstangen nicht geschält
und sie auch nicht auf ein verrottungsfestes Fundament eingegos-
sen, besser noch auf Abstandshalter zum Erdreich bzw. Fundament gestellt hatten. Wirklich solide Lösungen ersparen letztlich
doch einige Doppelarbeit.

Hochbeete nach Heinz Erven

Im südlichen Gartenbereich, wo das Gelände relativ stark abfällt, planen wir längerfristig einige Hochbeete, die uns im „Paradies" von Heinz Erven bei Remagen, der diese Idee seinerzeit entwickelt hatte, sehr beeindruckten.

Den Hochbeeten liegt folgendes Prinzip zugrunde: Möglichst wetterfeste Holzbohlen (bevorzugt aus Robinie, d. h. Akazien- oder Lärchenholz, das selbstverständlich zum richtigen Zeitpunkt gefällt wird!) werden als seitliche Bordwände etwa 70 – 85 cm hoch aufgestellt und nach unten sowohl entwässerbar, als auch mäuse- und wühlmaussicher mit verzinktem Maschendraht ausgelegt. Nun kann das Pflanzen und Pflegen ohne Kreuzschmerzen bequem über das ganze Jahr erfolgen.

Ein Beet von insgesamt 12 m Länge und 2 m Breite soll ausreichen, um eine dreiköpfige Familie das ganze Jahr über mit Gemüse verschiedenster Art zu versorgen. Nach Süden und Westen hat Erven bei den Folge-Hochbeeten dann noch handtellergroße Löcher in die Seitenwände gemacht, aus denen dann Erdbeeren, Kürbisse, Gurken und Melonen wuchsen... (Näheres siehe Literaturangaben)

Die erste von 20 folgenden »Kräuterspiralen«

Christel Kurz, Inhaberin des Biologischen Kurhotels in Bischofswiesen (Berchtesgadener Land), bat mich vor einigen Jahren, ihr eine »Kräuterspirale« nach Permakulturart in ihren Garten zu bauen.

Ich wußte zwar davon, hatte aber keinerlei eigene Erfahrungen, und da ich wußte, daß bei ihr sehr anspruchsvolle und auch gartenkundige Gäste einkehrten, mußte ich erst eigene Erfahrungen

Die erste von insgesamt 20 Kräuter-Spiralen nach Permakulturart wurde zunächst einmal am Ökohaus in Achberg gebaut. Das ästhetische Kräutergärtlein blüht reichlich und wächst, wächst, wächst...

sammeln, bevor ich einen Fremdauftrag annehmen und ausführen wollte.

Gesagt, getan, und so legten wir eine Kräuterspirale zunächst einmal bei uns selbst an, was eine schöne Erfahrung war. Schon bald folgte die zweite bei Freunden in Maierhofen/Oberallgäu in strömendem Eisregen, zu viert an einem Tag.

Schließlich ging es im Mai jenen Jahres dann nach Bischhofswiesen, einem kleinen verträumten Luftkurort. Dort entstand in rund zehn Tagen die größte Kräuterspirale mit einem Durchmesser von rund 10 m. Wir versuchten, den obligatorisch dazugehörenden Teich (für Brunnenkresse und weitere feucht bis naß liebende Kräuter) nur mit fettem Ton abzudichten, was aber nur unvollkommen gelang und auch nicht lange vorhielt (weil der Ton in der prallen Sonne steinhart ausgetrocknet war), so daß letztlich doch eine Folie für die Dichtigkeit sorgen mußte.

In den nächsten Jahren (bis 1994) folgten noch 19 weitere Kräuterspiralen zwischen Wien im Osten und Andalusien im Westen, zwischen Vorarlberg im Süden und Berlin im Norden. Jede von ihnen wurde selbstverständlich wieder anders, auch wenn das eigentliche Grundmuster das gleiche blieb. Wir paßten die Spirale immer den vorhandenen oder geplanten örtlichen Gegebenheiten an. Mal wurden als Kontrapunkt noch eine Steinpyramide mit Vogeltränke auf der Spitze und drei Einschlupflöcher für Igel an der Basis aufgebaut, mal aus den Reststeinen eine Ruhebank in der gegenüberliegenden Ecke unter einem schattenspendenden Baum.

Oft können sich die Gartenbesitzerinnen und -besitzer nicht so recht vorstellen, wo der optimale Platz für die Kräuterspirale liegt, und manchmal bedarf es stundenlanger Diskussionen, um zu überzeugen. Aber es hat sich immer gelohnt, denn wenn man mit der Kräuterspirale zufrieden und glücklich ist, wird diese in aller Regel sorgsam gepflegt, so daß man sie jahrelang täglich für Salatkräuter nutzen kann.

Bauanleitung für die Kräuterspirale

Das Frühjahr ist hierfür eigentlich die günstigste Zeit, weil man dann noch im gleichen Jahr ernten kann. Aber auch im Herbst kann die Spirale noch gebaut und mit winterharten Heil- und Würzkräutern bepflanzt werden.

Die bevorzugte Lage der Spirale ist ein vollsonniger Platz in Küchennähe. Die Größe richtet sich nach dem Bedarf. Für einen Vier-Personenhaushalt genügt ein Durchmesser von 3 – 4 m für die Spirale selbst; der Teich sollte etwa ein Drittel so groß und möglichst südlich oder südwestlich von der Spirale gelegen sein. Die Anlage sollte sich harmonisch in das Gesamtbild einfügen und keinen Fremdkörper darstellen.

Zunächst steckt man die Umrisse mit Stöcken ab. Dabei werden die Stöcke so tief oder hoch eingeschlagen, wie die Originalmaße der Spirale im Endzustand sein sollen. Legt man zuerst eine Wäscheleine spiralförmig am Platz aus, erleichtert man sich die eventuell erforderliche Korrekturen.

In die Mitte der Spirale werden zwei bis drei Schubkarren Ziegelbruch (Dachziegel/Ziegelsteine) geschüttet, die das durchlaufende Regenwasser aufsaugen und später wieder abgeben. Danach wird der Teich 80 bis 100 cm tief ausgegraben und das Erdreich ringsum in der Spirale verteilt. Über dem Ziegelbruch wird die Erde mit Sand gemischt (etwa im Verhältnis 1:1), damit sie durchlässig bleibt. Im oberen Bereich der Mitte wird Kalksteinsplitt oder Algen-Düngekalk (1 Sack) untergemischt, weil dort die Mittelmeerpflanzen wie beispielsweise Salbei, Rosmarin, Lavendel, Thymian, die einen basischen Boden bevorzugen, idealerweise ihren vollsonnigen und durchlässigen Standort finden. Im unteren Bereich, vom Teich aufsteigend, hilft grobes Rindenschrot, Tannennadeln oder notfalls Sägemehl, den Gartenboden eher sauer aufzumischen, weil hier jene Pflanzen zu stehen kommen, die saure und feuchte Böden bevorzugen (z. B. Brunnenkresse, Minze und Schnittlauch).

Die Spirale wird etwa so hoch, wie der Teich tief wird, was aber auch variabel gestaltet werden kann. Die Einfassung der aufsteigenden Spirale wird aus Steinen gebildet; hierzu nimmt man Steinmaterial aus der Umgebung (Flußkiesel, Bruchsteine in verschiedenen Größen, die mindestens faustdick und höchstens so groß und schwer sein sollten, daß sie von zwei Personen noch bewegt werden können). Die großen, schweren Steine bilden die untere Reihe und die Basis, die leichteren kommen oben hin, immer ans Erdreich nach innen etwas angelehnt, damit spielende Kinder nicht darunter geraten können. Pflanzennischen in diesem Trockenmauerwerk können gut mit eßbaren Steingewächsen bepflanzt werden. Der Teich kann mit fettem, plastischem Ton (mindestens 20 – 25 cm dick) ausgekleidet werden, der an den Nähten stark getreten und geknetet wird, damit er dicht ist. Auch saftiger Grasschnitt (mindestens 30 bis 50 cm hoch) kann eingebracht, vorrübergehend mit einer wasserdichten Folie ausgekleidet und mit Wasser aufgefüllt werden, damit das darunterliegende Gras unter Luftabschluß in

3 – 4 Monaten (über den Sommer) fermentiert und dann wasserdichten Gleiboden darstellt. Etwa 10 cm Ton sollte dann noch obendrauf gebracht und verfestigt werden, bevor das Wasser eingelassen wird.

Meine neuesten Erfahrungen beim Teichbau (Ende April 1992 in Berlin) basieren auf »Bentonit«-Tonmineral (3 Säcke für 5 m² Teich mit 3 Lagen Lehm und Jutegewebe verfestigt) und führten nach rund 3 Stunden Bauzeit bereits zu einem wasserdichten Teich – bei minimalen Kosten, relativ geringem Aufwand, leichter Arbeit und mit einem zuverlässigen Ergebnis.[12]

Es ist darauf zu achten, daß der Teichrand möglichst flach ins Gelände ausläuft, auch wenn er selbst von den gleichen Steinen umlegt wird, damit Tiere, die Wasser suchen, nicht in ein »Loch« fallen, aus dem sie kaum wieder herauskommen (insbesondere Igel). Auch für Kinder muß vorausgedacht werden, damit sie nicht hineinrutschen, da Wasser für sie immer ein besonderer Anziehungspunkt ist. Hilfreich könnte bei Kleinkindern ein stabiler Holzrost aus Eichenknüppeln sein, der – durch darunter hängende Steine beschwert – so kurz unter der Wasserfläche plaziert wird, daß man die Wasseroberfläche als solche sieht und nicht das Holzgitterwerk.

Die Bepflanzung der Spirale sollte mit Bedacht, entsprechend den jeweiligen Bedürfnissen der rund 50 Heil- und Würzpflanzen vorgenommen werden. Pflanzen in Töpfen (Containern) kann man jederzeit einpflanzen. Pflanzen mit blankem Wurzelstock sollten nur an den »Pflanztagen« (nach dem Kalender »Aussaattage« von Maria Thun) ausgesetzt werden, weil sie dann besser anwachsen. Auch jäten und ernten sollte man an den »Pflanztagen« bzw. möglichst an den Tagen, an denen »Blüten«, »Blätter« oder »Wurzel« angezeigt ist.

Stark wurzelausläufertreibende Pflanzen wie Beinwell/Comfrey oder Topinambur sollte man besser nicht in die Spirale selbst setzen, sondern daneben, wo sie andere nicht überwuchern und stören. Wermut sollte – wegen seines sehr starken Eigengeruchs – lieber in gebührendem Abstand von 1 – 2 m von der Spirale entfernt seinen Sonderplatz erhalten. Auch Meerrettich wird aus diesem Grund außerhalb (in Tonröhren) gepflanzt.

Gute Heil- und Würzkräuter erhält man in vielen Gärtnereien, einige zuweilen auch auf Wochenmärkten, oder man läßt sie sich zuschicken.[13] Eine hervorragende Dokumentation zum Thema »Die Kräuterspirale« hat das Permakulturinstitut[14] herausgegeben.

Flechtzäune als Sichtschutz und Abgasbremse

Eine Ökodorf-Gruppe legte Anfang 1990 mehrere Flechtzäune an. Wir hatten damit keinerlei Erfahrung, und die Gruppe wollte auch dieses Projekt völlig selbständig entwickeln und vollenden. Wir wußten inzwischen durch die originellen Flechtarbeiten von Christoph Pflaum, wo es in unserem Umfeld gute, biegsame Flechtweiden gibt (insgesamt gebe es einige hundert Sorten Weiden, erklärte er uns), und die hatten wir vorsorglich zur Winterszeit zum richtigen Zeitpunkt geschnitten, trocken unterm Dach gelagert und zum Flechten nun einige Tage vorher eingeweicht.

Um den Flechtzäunen Stabilität zu geben, sollte aus unserer Erfahrung heraus auf folgende Details besonders geachtet werden: Es ist am sichersten, wenn die Zaunteile im Zick-Zack-Verbund erstellt werden. Dadurch stützen sich die einzelnen Zaunfelder so gegenseitig ab, daß sie kaum umfallen können.

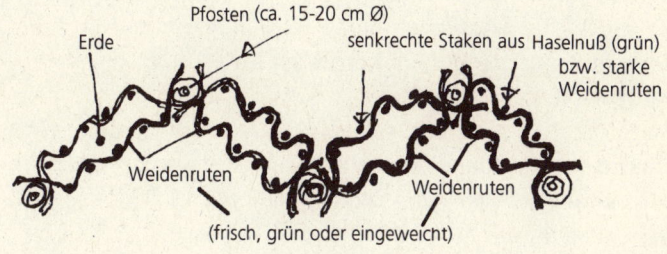

Erde — Pfosten (ca. 15-20 cm Ø) — senkrechte Staken aus Haselnuß (grün) bzw. starke Weidenruten — Weidenruten — Weidenruten (frisch, grün oder eingeweicht)

Eine weitere wichtige Voraussetzung für die Stabilität sind die senkrechten Pfosten, die in frostsichere Fundamente und in verzinkte
Eisen-Fußstützen gestellt werden sollten, damit sie von unten nicht
im Erdreich abfaulen. Robinien (Akazien) gelten als besonders
feuchtigkeitsresistent, Lärchenholz ebenfalls. Zwei quer oben auf-
genagelte Brettchen oder ein Wetterschutzhut aus einem Leder-
lappen schützen vor allzu rascher Verwitterung. Das Holz sollte
möglichst zum richtigen Zeitpunkt geschlagen und zusätzlich mit
einem pflanzenverträglichen Schutzanstrich versehen werden.

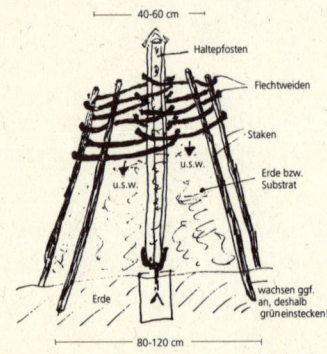

Der Querschnitt zeigt besonders
deutlich, daß die Flechtzäune im
Bodenbereich etwa doppelt so
breit angelegt werden sollten wie
zum oberen Rand hin. Dadurch
sind sie gegen Umkippen weitgehend gesichert (es ergibt sich bei
einer Flechtzaunhöhe von bis zu
2 m doch ein beachtliches Gewicht).

Es ist sinnvoll, als senkrechte Haltestangen (Staken) die wechselseitig mal vorne, mal hinten mit biegsamen (frischen oder einige
Tage lang eingeweichten) Korbflechterweiden eingeflochten werden, stärkere grüne Weidenruten oder auch Haselnußäste einzu-
graben (20 bis ca. 40 cm tief), damit diese Wurzeln schlagen können und dadurch immergrün bleiben (hier sollten die optimalen
Schnitt- und Pflanztage nach dem Aussaattagekalender von Maria
Thun möglichst eingehalten werden). Nimmt man trockene Äste,
die natürlich dann auch nicht anwachsen können, besteht die Gefahr, daß diese – vor allem wegen des ständigen Erdkontakts mit
der Erdsubstratfüllung zwischen den Flechtzäunen – in wenigen
Jahren morsch werden und die Zäune dort ausbrechen können.
Sind sie grün eingesteckt, können sie anwachsen, und ihre Aus-

triebe werden zwischen Ende November und Anfang März (wenn das Holz hart geworden ist) in die waagerecht eingeflochtenen Weidenruten ebenfalls eingeflochten, so daß diese sich gegenseitig Halt geben. Geschälte Staken bleiben wohl länger haltbar als ungeschälte, müssen aber gegebenenfalls dann doch nach einigen Jahren ausgetauscht werden, d. h. es ist besser, frische grüne einfach dicht daneben in die Erde einzustecken. Flechtzäune können nach der Mitte zu etwas bauchiger gestaltet werden – das gibt der ganzen Anlage mehr Dynamik, gepaart mit einer gewissen Behäbigkeit.

Zur Bepflanzung sind sowohl rankende Kapuzinerkresse geeignet als auch Kürbis, Zucchini oder andere Rankpflanzen. Bei unserer Flechtzaungruppe sind noch einige kleine vorstehende Halbkörbchen in die einzelnen Flechtwände eingeflochten, in die blühende hängende Blumen eingepflanzt wurden. Leider hielten die hübschen Körbchen nur etwa drei Jahre, weil sie aus *trockenen* Weiden geflochten waren, die überraschend rasch morsch wurden und sich dann langsam, aber unaufhaltsam auflösten.

Was wir allerdings nicht bedachten, war, daß in die beiderseits der Pfosten befestigten waagerechten Weidenrutenkörbe abschließend ein großes Gewicht eingefüllt werden muß, wenn das Erdsubstrat später als Pfanzenwanne dienen soll. Tatsächlich ist uns ein Flechtzaunteil dann einige Wochen später nach außen, auch noch ausgerechnet zur Straßenseite, ausgebrochen, und wir hatten große Mühe, das alles hinterher zu richten. Fazit: Der Flechtzaun sollte, wenn er später mit zentnerschwerer Erde befüllt werden soll, am Boden etwa doppelt so breit angelegt werden, wie er oben (bei uns in etwa 160 bis 180 cm Höhe) endet.

Ein zweiter Fehler ergab sich ähnlich unbedarft, da einige Flechtzaunteile insgesamt zu schmal angelegt wurden (die senkrechten Pfosten dort waren eben schmaler). Ergebnis: Die Erde trocknete im Sommer rasch aus, und nur durch häufiges Gießen konnte die ansonsten wunderschön blühende Kapuzinerkresse lange Monate in diesem Zustand gehalten werden – eine Augenweide auch für die Ökohaus-kritische Nachbarschaft...

Sonnenhof und Meditationsgarten

Der Sonnenhof wurde bereits im ersten Sommer genutzt, weil die Sonne dort windgeschützt voll einstrahlen kann. Allerdings werden wir längerfristig doch ein Sonnenschutzsegel aufhängen müssen, denn nicht alle, die hier wohnen oder uns besuchen, sind ausgesprochene Sonnenanbeter.

Der Meditationsgarten soll nun erst im Frühjahr 1996 unter Leitung von Dirk Lückens gestaltet werden, während Roger Krötz ein Sonderseminar mit selbstgebrannten Tonplastiken und Skulpturen aus Treibholz vom Bodensee durchführen möchte.

Gartenpyramide

Die Gartenpyramide, die zu zwei Dritteln mit haltbaren Zedernschindeln belegt und deren oberer Teil mit einer Glasspitze versehen wurde, damit Sonne, Mond und Sterne hineinscheinen können, wurde anläßlich des 1. Pyramidenkongresses 1980 in unserem Garten mit Freundinnen und Freunden errichtet. Sie diente als Regenerationsraum und als Treffpunkt für musikalische Meditationen, die mit zarten Orff-Instrumentenklängen begleitet wurden. Vielen Freundinnen und Freunden, von denen einige auch in der Pyramide übernachteten, wird sie gewiß in unvergeßlicher Erinnerung bleiben.

Obwohl es immer wieder recht kritische Stimmen zum Thema Pyramiden gibt, kann ich eigentlich nur von guten Erfahrungen berichten. Natürlich reagieren nicht alle Menschen gleich. Von den vielen Besucherinnen und Besuchern sagten manche nur wenig, viele bedankten sich für das Erlebnis überschwenglich, und in all den Jahren war nur ein älterer Mann, ein sehr sensibler Maler, so irritiert, daß er Platzangst bekam und das Gebäude fluchtartig verließ. Andere, unter ihnen viele Frauen, spürten eine feine Energieschwingung, die nach ihrer Beschreibung vertikal durch sie hindurchströmte und ein angenehmes, wohliges Gefühl auslöste. Ich selbst merkte eigentlich direkt sehr wenig; ich fühlte mich einfach wohl und nach einiger Zeit erholt und energetisch angenehm aufgeladen. Es war auch nicht so klar zu trennen, was letztlich wirkte: die Pyramide selbst, die musikalischen Klänge ohne Echowände oder die einstrahlende Sonne, die dahinziehenden Wolken oder Mond und Sterne bei Nacht.

Zum Pyramidenhausbau noch ein Hinweis: Da ich nicht weiß, wie der Mensch langfristig als Dauerbewohner auf die ständig durchströmende Pyramidenenergie reagiert (ich hielt mich nicht länger als höchstens eine Nacht darin auf), empfehle ich bei Hausbauten nie, ein »Nur-Dach-Haus« im klassischen Pyramidenwinkel zu bauen, sondern eher nur ein Pyramidendach vorzusehen, in dessen Mittelpunkt dann ein Meditationszentrum eingerichtet werden könnte. Eine andere Möglichkeit ist eine Kräutertrocknungsanlage; diese Kräuter enthalten dadurch gewiß eine feinstofflich-energetische Aufladung, solange sie noch Vegetationswasser enthalten. Es würde daher wenig bringen, wenn man trockenen Tee, d. h. ohne das Vegetationswasser der Pflanze, in einer Pyramide nachträglich noch vitalisieren wollte. Wasser ist eben auch hier ein aufnahmefähiges, aufladbares Medium.

Obstwiese und Bienenhaus

Da unser Grundstück eine absolute Hanglage hat, mit einem Gefälle von der oben verlaufenden Straße bis zur unteren Waldgrenze von rund 9 m, boten sich zwangsläufig Terassenebenen an, die wir dann auch gleich mit dem Baugrubenaushub auffüllten.

Die untere Terrasse grenzt an drei Seiten an den Wald der Fürsten von Hohenzollern-Sigmaringen an. Wir bedachten jedoch nicht, daß die damals vom Dachgeschoß gut zu überblickenden Waldbäume nach einem Jahrzehnt fast doppelt so hoch sein würden. So bilden die schlanken Fichten im Gemisch mit ranken Buchenbäum-

chen (was im Prinzip eine waldbaulich sinnvolle Ergänzung darstellt und besser ist als die sonst auch hier üblichen Fichten-Mono-
kulturen) eine so dichte Sonnenschutzwand, daß die auf unserer
Terrasse gleich zu Baubeginn gepflanzten Obstbäume beängstigend
wenig Licht abbekommen. Sie wachsen auch entsprechend schief
und versuchen, zumindest von der Morgensonne einige Strahlen
zu erhaschen. Ergebnis: Das Obst wird viel später reif (im sonnen-
armen Herbst kaum noch). Aber da ist wenig Abhilfe möglich, zumal der darauf angesprochene fürstliche Förster sich bisher leider
taub stellt und es uns überläßt, ob wir die weit überhängenden langen und dicken Äste selbst abschneiden oder nicht – was bleibt uns
anderes übrig?

In der Nordecke der Obstwiese haben wir die für die Bauphase als
Werkzeugunterstand gebraucht gekaufte Holzhütte aufgestellt. Sie
trägt noch die grüne Ursprungsfarbe, ist inzwischen mit wildem
Wein bewachsen und würde sich eigentlich anbieten, als Bienen-
haus ausgestaltet und eingerichtet zu werden. Ich habe zwei anthroposophisch orientierte Bienenmeister kennengelernt, die mir
einhellig erzählten, daß sie einerseits keine Varoha-Milbe in ihren
Stöcken hätten, weil sie den Bienen den für den Winter benötigen
Honig überlassen und nicht mit Zucker zufüttern und andererseits
keine Schutzkleidung brauchen, wenn sie zu ihren Bienen gehen,
weil sie nur an den Tagen zu den Bienen gehen und an den Stöcken
arbeiten, wenn die kosmischen Konstellationen dafür günstig und
die Bienen deshalb auch nicht aggressiv sind (vgl. »Aussaattage«
von Maria Thun).

Ob ich noch mit Bienenhaltung anfange, wird sich zeigen. Bisher
hatte ich dafür noch nicht genug Zeit, aber auch noch nicht das
nötige Wissen (was allerdings bei Frau Thun in einem Wochenlehr-
gang in Biedenkopf grundsätzlich erworben werden könnte). Außerdem muß man zu den Hauptschwarmzeiten – um Pfingsten
herum – wirklich zuhause, d. h. in der Nähe sein, damit die über-
starken Bienenvölker nicht das Weite suchen, sondern rechtzeitig
ausgemacht und eingefangen werden können.

Das hundert Jahre alte Mostfaß
als Kneippanlage

Mein Freund Franz Strodel, bei dem ich zu Beginn der Bauphase eine Wohnung und bei Materialtransportproblemen schon sehr oft verständige Hilfe fand, rangierte vor einigen Jahren einige alte Most-Maischefässer aus. Allwinterlich brannte er aus seinen Bodensee-äpfeln Kräuterschnaps und hatte festgestellt, daß das rund hundert Jahre alte Eichenholz einige Prozent des Alkohols verdunsten ließ. Er bot mir ein Faß an, und wir machten einen 1200-Liter Regen-wasser-Auffangbehälter daraus, den wir neben dem Westbalkon aufstellten. Schon oft habe ich darin nach dem morgendlichem Trimmlauf ein erfrischendes Tauchbad nach Kneipp genommen.
Der Regenwasserüberschuß – im Westallgäu regnet es im Jahres-mittel um die 1100 mm, das sind 11 m³ auf den Quadratmeter! – läuft über eine sogenannte kommunizierende Überlaufröhre in eine daneben stehende alte Badewanne (die wir aus dem Schloß Ach-berg bei Renovierungsarbeiten erbten, d. h. darin haben schon hochherrschaftliche Popos gebadet...), aus der wir nach Bedarf Gießwasser schöpfen können.

Sonnenuntergänge am Westbalkon

Ich habe bereits auf den besonders hohen Nutzungsgrad der West-Hausseite hingewiesen. Optimal ist es, wenn sie zur Gartenseite hin liegt, was wir erst nach und nach als besonderen Vorzug schät-zen lernten. Die abendliche Rot-Strahlung ist anders als die weiß-gleißende Mittagssonne und lädt zum beschaulicheren Feierabend, zum Tagesausklang und zur Regeneration geradezu ein.
Gerade auf dem Westbalkon haben wir bereits viele wunderschö-ne Sonnenuntergänge erleben dürfen – ein Gratisgeschenk, das man vorher, trotz aller Planungen, kaum richtig einschätzen kann!

Eigentlich war dieser Westbalkon zu schmal, um an dem Kiefern-bohlen-Tisch rundum gemütlich sitzen zu können. So stellten wir einen zusätzlichen Holzpfosten auf und bauten eine tischlange Bohlenbank dazwischen; nun können rundum bis zu 12 Personen einen Platz in der Abendsonne einnehmen.

Das »Freiluft-Bett« hinter Schaufensterscheiben

Seit ich das mittlerweile rund 120 Jahre alte Spezialwissen des findigen, ja genialen schwäbischen Gymnasialprofessors Dr. med. Gustav Jaeger in den Jahren 1978/79 erstmals zu Ohren bekam, bin ich ein absoluter Fan von Naturbettmaterialien. Daraus entstanden drei Bekleidungsbücher, die das Wesentliche über die optimalen menschlichen Körperhüllen wiedergeben (siehe Literaturliste).

Auf die Idee, zwischen Ostern und Allerheiligen konsequent *vor* dem Hause, genauer eben auf besagtem Westbalkon zu schlafen, brachte mich mein Heizungsbauer Josef Steiner aus Ybbs, der das schon einige Zeit vor mir praktizierte. Ich hätte auch ohne diese Erfahrungen nie geglaubt daß es so einen gewaltigen Unterschied an Naturerleben ausmacht, ob man einen Meter vor oder hinter der Hauswand schläft – bei sonst gleichen Voraussetzungen.

Nun, die Sonne war im Sommer doch meist schon untergegangen, bis ich mich zur Ruhe begab. Aber die Sonnenaufgänge im Freien, das zarte Dämmern und das gleichzeitig einsetzende Vogelgezwitscher ist ein Genuß ganz besonderer Art. Ich bin ohnehin Frühaufsteher – also bald hellwach, wenn der Morgen heraufzieht – und kann somit das ganze Spektrum der morgendlichen Symphonien mit ihren vielen Nuancen in vollen Zügen aufnehmen.

Ich halte inzwischen nichts mehr für selbstverständlich und bin daher dankbar für jede Regung, und so freue ich mich über die emsig durch die Haselnußbäume springenden Eichkätzchen wie über den im Mai vollblühenden Rotdorn, überzogen mit »Montana Rubens«-Clematis. Das alles kann ich in der Morgendämmerung von meinem Naturschlafplatz aus bequem und genußvoll sehen.

Obwohl ich zwei große und dicke ausrangierte Schaufensterscheiben am Balkonrand, nach Westen hin, installiert habe, wurde ich dennoch dreimal von starken, quer kommenden Regengüssen überrascht, so daß ich – völlig durchnäßt – die inneren Gemächer aufsuchen mußte. Das hielt mich aber natürlich nicht davon ab, am nächsten Abend wieder meinen Traumschlafplatz auf dem Balkon aufzusuchen. Wer das einmal erlebt hat, verzichtet nicht gerne freiwillig darauf. Gewiß, die aus dem nahen Wald kommenden Schnaken sind im Sommer oft lästig, aber sie kämen ja auch nach innen, und völlig luftdicht abgeschottet würde ich mich nicht wohlfühlen. Schon ein Moskitonetz empfand ich als arge Luftbremse und verzichtete dann darauf (vielleicht gibt es bessere, die ich nur noch nicht entdeckt habe?).

Wintergärten sind (oft) keine Sommergärten

Ich habe bereits erwähnt, daß wir unseren Anlehn-Wintergarten fast gänzlich mit Solartechnik bedeckt haben. Dadurch kann die pralle Sommerhitze nicht nach unten strahlen, während die milde und kostbare Frühjahrs-, Herbst- und vor allem die flache Wintersonne voll einstrahlen kann. Im Vorfeld hatte ich nämlich beim Besuch vieler, oft origineller (und meist sehr aufwendiger) sogenannter »Winter«-Gärten im Sommer beobachten können, daß die Bewohnerinnen und Bewohner diesen Raum zur Sommerszeit oft fluchtartig verlassen oder gar nicht erst benutzen, weil es darin bullig heiß war. Das diente mir als Lehre, und deshalb haben wir unseren Wintergarten konsequent mit sonnenbremsenden Teilen belegt, die die Sonnenwärme oben gleich abfangen und in nutzbare Energie umwandeln. Diese Überlegungen haben sich bestens bewährt! Die verbliebenen restlichen Klarglasflächen haben wir inzwischen mit Weinreben und Trompetenwinde begrünt. Diese Trauben werden so zwei Wochen früher reif, und beide Pflanzen lassen im Herbst ihr Laub fallen, so daß die Sonne zur sonnenärmeren Zeit ungehindert voll einscheinen kann.

Holzparkett aus Abfallholz
vom Blockhausbau

Eine besondere Überraschung bereiteten mir mein Freund Reinhold Holzer aus Südtirol (der mir auch mit nicht-gebackenem Kork, mit Dachpapier anstelle von Dachpappe und als baubiologischer Im- und Exporteur mit vielen guten Ratschlägen schon oft behilflich war) und Louis Dappeiner vom Sonnenhof bei Schlanders/Vinschgau, als sie eines Tages eine Ladung sorgfältig sortierter Holzklötze (aus Abfällen vom Holzblockbau) mitbrachten, die als Stirnholzparkett ins Wohnzimmer sollten.

Mein – inzwischen wieder in Australien lebender – Freund Nick Wahl begann alsbald, die wunderschön anzuschauenden, mandala-ähnlichen Baumquerschnitte als Parkett zu verlegen, d. h. auf einen Dielenboden mit biologischem Holzleim aufzukleben. Es war eine Heidenarbeit und sehr mühsam, aber angesichts der natürlichen Ware auch mit Vorfreude auf das fertige Ergebnis verbunden. Schlimm war allerdings die Überraschung, als wir abschließend feststellten, daß die Holzklötzchen nicht exakt gleich hoch waren und so einen Parkettboden mit Stolperstufen ergaben. Ich brachte etwa zwei Wochen auf den Knien schleifend damit zu, diese unerwünschten Unebenheiten in etwa auszugleichen. Somit wurde das – wenn auch unbeabsichtigt – letztlich ebenfalls ein Hundertwasser-Boden!

Das Wohnzimmer mit dem dreifüßigen Eichenbohlentisch und der Lehmbank, die vom dahinter aufsteigenden Warmluftschacht rasch angewärmt
werden kann. Die Elefantenfüße aus Erlenholz und der Stirnholz-Parkett-
boden mit seiner mandala-ähnlichen Maserung durch die Baumquerschnitte sind weitere Besonderheiten.

Der Eichenbohlentisch
mit drei Elefantenfüßen

Wie kann man einen üblichen Tisch auf einem unebenen Fußboden standfest bekommen, ohne daß er laufend wackelt, was un-
heimlich nerven kann? Nun, wir sahen eben nur drei Füße vor. Da
der aus Eichenbohlen abgerichtete, gehobelte und geschliffene
Wohnzimmertisch ohnehin der in Schlangenlinie verlaufenden

Lehmbank angepaßt werden mußte und so eine Form wie eine Schuhsohle bekam, d. h. nach dem Eingang zu wesentlich breiter auslud, bot es sich fast wie von selbst an, dort zwei Füße und unter den schmalen Teil eben nur einen Fuß zu setzen. Das mußten natürlich – der wuchtigen Eichentischplatte angemessen – auch drei massive, dicke Rundholzfüße sein, Elefanten-Füßen nicht unähnlich. Diese schnitzten wir aus drei Erlenholzstempeln und setzten sie unter die Tischplatte, an der später auch wieder 12 Menschen gut Platz hatten.

Eines hatte ich als Holzlaie jedoch nicht vorhergesehen: Die so aneinandergeleimte Eichenbohlen-Platte, die zunächst einige Wochen hochkant in der Ecke stand, hatte so wenig absolute Stabilität, daß sie sich – durch die übliche Feuchteeinwirkung der Außenluft – verzog wie eine Schuhsohle! Da half alles nichts; ich bat zwei junge Wanderschreiner, entsprechende Eichen-Gratleisten nachträglich einzupassen (was verständlicherweise mehr kostete als die mit so viel Mühe und einiger Genugtuung selbst getischlerte Tischplatte). Bei dieser Gelegenheit ließ ich auch gleich die Ahorntischplatten und die Anrichte in der Küche mit Ahorn-Gratleisten verstärken, denn beim Suppeessen konnten wir auch dort nach drei Monaten die Teller nur noch halbvoll machen, weil die inzwischen stark gewölbte Eßtischplatte das nicht anders zuließ...

150 Jahre alte Biberschwänze auf dem Schlafraum-Innendach

Im Obergeschoß galt es im Sommer 1994 nach der differenzierten Lehmtreppe, die nach oben führte und als Pantoffelbereich galt, um den Abrieb in Grenzen zu halten –, einige weitere schöne Details zu vollenden. Regine aus Bremerhaven gestaltete aus geschälten Weidenruten und frischen grünen Binsen aus dem Garten einen recht originellen Lampenschirm, der einer riesigen Nase ähnlich sah. Dann erschien eine Reportage über unser Ökohaus in der »Leipziger Volkszeitung«, worauf scharenweise »Ossis« als Bauhelfer anrückten, die nicht nur locker improvisieren konnten, sondern auch bewiesen, daß es so gut wie keine Situation gab, in der sie sich nicht zu helfen wußten – sei es die sehr spezielle Befestigung des Abfallbrettes von der Sägerei Stiehle aus Grünkraut, das geschliffen und wie ein Musikinstrument mit Schellack poliert eine Zierde des oberen Flures wurde, oder die rund 150 Jahre alten handgestrichenen Biberschwänze von einer alten Klosterkirche, die Lüder aus Leipzig in mühevoller Zurichtarbeit fachgerecht über das Innendach legte, welches das obere Schlafgemach zum Flur hin abfallend bedeckte (damit es innen nicht gar so nach einer an die Wand angelehnten Kammer aussah).

200 Jahre alte Eichenfenster mit mundgeblasenen Scheiben

Als zweihundert Jahre alte Eichenfenster mit mundgeblasenen Scheiben diagnostizierte Frau Schulz-Brauns bei ihrem nächsten Besuch sachverständig diese etwas schmaleren Fenster, die damals noch ohne Fenstergriffe hergestellt und dafür mit zwei Schnellern oben und unten versehen wurden. Sie paßten genau in die ohnehin schmaleren Fensteröffnungen in der Nordseite des Hauses. Die mühsamen Regenerierungsarbeiten, die wir bei anderen alten Fenstern und Türen mehrfach anstellten (ablaugen, abschmirgeln, abbrennen und abkratzen), wollten wir dafür nicht mehr auf uns nehmen und strichen sie einfach mit Bauernblau an, das wir aus dem nächsten Ökobaumarkt in Ravensburg besorgt hatten und das biologisch unbedenklich ist. Entsprechend wurden auch die alten Türen im Nordbereich mit der gleichen Ölfarbe gestrichen sowie das kostenlos aus- und eingebaute Holzgaragentor und die darüber plazierten beiden Fensterklappläden.

Baumkanten-Kiefernholzdecke
im Mittelflur

Im Erdgeschoß-Flur wollten wir für die Holzdecke nicht mehr die
doch sehr langweiligen, gleichmäßig breiten Profilholzbretter verwenden und sahen uns nach anderen Möglichkeiten um.

Frau Stiehle von der Lochmühle, die übrigens sehr viel verschie-
denartiges Obstbaumholz auf Lager hat, so daß auch Musikinstru-
mentebauer hier ihren Bedarf decken, empfahl eine Kiefernboh-
len-Decke; bei dieser wurden die 30-mm-Bohlen, beidseitig
gehobelt, von uns selbst mit der Ziehklinge seitlich von der Rinde
befreit, so daß die ungleichmäßige, gewachsene Baumkante weiterhin erhalten blieb. Die sorgfältig entrindeten und fein geschlif-
fenen Bohlen wurden dann im Frühjahr wechselseitig – mal als
Basis, mal als Deckel – unter den Holzbalken an der Decke angebracht.

Diese naturgemäßere Art, welche die Bäume ins Haus holt, haben
wir dann im Dachgeschoß auch an den Wänden senkrecht wiederholt, mit dem noch wesentlich stärkeren Naturbaum-Effekt, denn
die Wände betrachtet man eben viel öfter als die Decke.

Bei den Rückluft-Öffnungen für unsere Luft-Hausheizung gestaltete Christoph Pflaum den unteren Bereich mit einem filigranen
Weidenflechtwerk aus roten, gelben und grünen Ruten. Im Mittel-
flur ließ Roger Krötz wieder einmal alle Phantasie strömen, in-
dem er in einem Wochenendkurs mit Haselnußästen und Lehmputz ein dynamisches Gitter entstehen ließ, das wie gewachsen
aussah und verhindern soll, daß Kinder oder Haustiere in den
Rückluftschacht fallen können.

Zwischen Wohnraum und Küche wurde ein Lehmfenster als Durch- und Lichtblick gestaltet.

Durchblick zum Allerheiligsten, mit Edelsteinen verschönt

Lichteffekte, d. h. Durchblicke in den Wänden, und zwar nicht zum direkten Durchschauen, sondern vielmehr als atmosphärische Wirkung (zumal wenn noch nicht in allen Räumen Licht an ist oder wenn die Sonne kurzzeitig die eine oder andere Hausseite beleuchtet), wurden, je weiter das Haus wuchs, um so bewußter und gezielter eingesetzt. Begonnen hat es eigentlich in der Wohnküche, deren Ostwand bogenförmig mit fünf dicken Glasbatzen versehen wurde, damit das Morgenlicht hindurchscheinen und an der gegenüberliegenden Wand in allen Spektralfarben aufleuchtet.

Die Glasbatzen hat mir Ulrich Kriwet, damals noch Prokurist bei der Süßmuth-Glashütte, besorgt. Sie fallen alle paar Wochen bei der Glasschmelze an, werden dann abgeklopft und normalerweise wieder eingeschmolzen; durch das Abklopfen erhalten sie Sprünge, so daß das Sonnenlicht nun in allen Spektralfarben hereinleuchtet. Nun zieren sie unsere Ostküchenwand. Davor und hinter die Glasbatzen habe ich allerdings Alt-Glasscheiben eingebaut, damit keine Kältebrücken entstehen können. Die beiden Hohl-Luftkammern werden das weitgehend unterbinden.

Wichtig war noch, daß die Glasbatzen selbst in der Mitte der etwa 28 cm dicken Strohlehm-Isolierwand positioniert wurden, so daß ich nach außen und nach innen zylindrische Ein- und Ausstrahl-Winkel erhielt und die Sonnenstrahlen dadurch relativ früh und zugleich lange in die Wohnküche eindringen konnten. Diesen Sonnengruß genießen wir vor allem am Sonntagmorgen, nach einer arbeitsreichen Woche, wenn später als sonst das Obstfrühstück auf den blankgescheuerten Ahorn-Eßtisch kommt...

Im Haus-Mittelpunkt, zwischen Flur und Wohnzimmer, haben wir so etwas wie das Allerheiligste untergebracht. Dort ist die Mauer durchbrochen, d. h. es war von vornherein ein Fensterchen mit einer fest eingebauten Glasscheibe vorgesehen, so daß Flur und Wohnraum absolut voneinander getrennt sind (um Durchzugserscheinungen zu vermeiden).

Man kann jedoch sowohl in die dahinter befindliche kleine Nische hineinschauen und sieht dort eine Auswahl wunderschöner bunter und dezenter Edelsteine, die ich bei meiner Reise vom deutschen Edelstein-Zentrum in Idar-Oberstein/Hunsrück für ein paar Mark sehr günstig in einem Säckchen mitgebracht hatte. Zugleich kann man aber auch durch die Nische ins angrenzende Wohnzimmer hindurch, sogar noch durch den dahinter liegenden Wintergarten bis zum Bodensee sehen und bei entsprechendem Wetter sogar bis zum 65 km entfernten, 2500 m hohen Säntis, unserem »Hausberg« in der Schweiz... Selbstverständlich wird dann und wann eine schöne Kerze in die Nische gestellt, und die Edelsteine glänzen dann im sanften Licht und reflektieren durch die Spiegelwand.

Keine Anleihe bei Gaudi

Öfter wurde ich von Baustil-Kennern gefragt, ob ich mit den skurrilen Lehmbau-Kunstwerken etwa den spanischen Architekten Gaudi nachempfinden wolle, der vor allem in Barcelona verspielte Bauten verwirklichte, die anfangs verlacht, später jedoch weltweit bekannt wurden. Es ist für einen Volksschüler sicher keine Blamage zuzugeben, daß ich anfänglich noch nicht einmal seinen Namen kannte, geschweige denn wußte, was er nun wirklich gemacht hatte. Nachdem ich (natürlich von Architekten) so oft auf ihn angesprochen wurde, habe ich mir dann einen Gaudi-Bildband besorgt und war überrascht und erstaunt, was dieser Meister der skurrilen Baukunst an (sicher sehr teuren) Privat- und Sakralbauten zu seiner Zeit (1852 – 1926) verwirklicht hatte. Mit Sicherheit jedoch hat er nicht mit Lehm gebaut! Er hat wohl die damals gängigen Baumaterialien, vor allem Stein, viel Kleinkeramik und dabei noch einiges an dezenter Farbe verwendet – ein Meister des feinsinnig gestalteten Details, abseits von fast allem, was und vor allem wie man damals sonst so baute. Sein Werk ist imponierend und auf jeden Fall absolut originell. Dagegen ist unsere schlichte Ökohütte ja nur ein schmaler Schatten; auch wenn es uns zur Ehre gereichen kann, mit einem solchen Meister der Gestaltungskunst dann und wann in einem Atemzug genannt zu werden...

Marder unterm Dach – was tun?

Als ich im Frühjahr 1994 von einer langen Vortragsrundreise ins Ökohaus zurückkam, wurde ich in der ersten Nacht mehrfach von einer Marderfamilie aufgeweckt, die sich inzwischen häuslich unter dem Schleppdach eingerichtet hatte.

Nun hatte ich in unserem alten (unbiologisch gebauten) Haus bereits einschlägige Erfahrungen gesammelt. Als diese schlauen Nachträuber es sich dort sogar in der (nur für Menschen?) als ungesund geltenden Glasfaserwolle gemütlich gemacht hatten, verstopfte ich nach vielem Herumhören und Ausprobieren schließlich alle Zu- und Ausgänge bis auf einen, den ich ringsum mit Mottenkugeln bespickte: Offensichtlich wurde ihnen dadurch ein längerer Aufenthalt verleidet.

Also sah ich am anderen Morgen gleich auch hier im Ökohaus unter dem Dachvorstand nach, verschloß alle noch offen gebliebenen Öffnungen und hängte unmittelbar unter den letzten Ausgang einen mit Naturharz-Imprägniergrund getränkten alten Lappen. Und siehe da – die Meute verschwand in der folgenden Nacht. Ich verschloß das letzte Loch nun auch noch, und da war Ruhe – bis wir im Frühjahr 1995 zurückkehrten und mit Schrecken und Verärgerung feststellen mußten, daß sich schon wieder ein Marderpärchen oben, diesmal auf der anderen Dachseite, eingenistet haben muß. Zu allem Überfluß kamen ausgerechnet in der Nacht, als unser ältester Sohn Andreas zum erstenmal mit Familie zu Besuch da war, offensichtlich und für alle hörbar junge Marder zu Welt, was ein derartiges Schreien und Rumoren zur Folge hatte, daß die Kinder das Schlafzimmer fluchtartig verließen.

Schon wieder diese lästigen nächtlichen Plagegeister, war unser Kommentar. Wir ließen sie zunächst einmal gewähren und das Zimmer leerstehen. Jedoch wurden sie immer dreister, und als die Jungen etwa zwei Monate alt waren, nahm das stundenlange Toben und Quietschen zwischen 23 Uhr und 4 Uhr – während das Elternpaar wohl auf Raubzügen war – über unseren Häuptern kein Ende.

So mußte ich mich leider wieder auf Marder-Vertreibungsjagd begeben.

Die Inspektion des Dachs ergab fünf beim Bau nicht sorgfältig verschlossene Öffnungen. (Man sollte doch öfter selbst aufs Dach steigen, alles sorgfältig kontrollieren und nicht warten, bis sich solche ungebetenen Gäste häuslich niedergelassen haben.) Übrigens, alles Klopfen, Rufen und auch laute Töne machten überhaupt keinen Eindruck, so daß ich wieder einmal zur Geruchsvertreibungstechnik greifen mußte.

Diesmal nahm ich Reinigungsbenzin (da ich nichts anderes zur Hand hatte), tränkte alte Lappen damit und stopfte sie in die fünf Restöffnungen. Das mittlerweile am hellichten Tag übliche Jagen und Tollen unter den Dachziegeln verstummte nach wenigen Minuten. Es herrschte im Vergleich zu vorher eine fast gespenstische Stille, und ich machte mir schon Vorhaltungen, ob ich diese eigentlich possierlichen, schlanken und wieselflinken Tiere (die mit den Wieseln bzw. Hermelinen verwandt sind) gar betäubt oder vergiftet haben könnte. Aber, weit gefehlt, bei anbrechender Dunkelheit entschwanden die dunkelbraunen Haus- und Steinmarder. Kurze Zeit darauf kamen dann auch die Jungen hervor und begannen ihr nächtliches Fangspiel auf dem Dach wie bisher üblich.

Nun reichte es mir: Ich kletterte auf Socken zum Dachfenster heraus, und als die flinken Junioren, ehe ich richtig auf dem Dach angekommen war, schon wieder flugs (an den stinkenden Benzinlappen vorbei) ins Dachinnere verschwunden waren, nahm ich wütend und kurz entschlossen zwei Holzknüppel und stopfte sie von außen in die beiden größeren Löcher, vor denen ich am Vorabend bereits die Reste der Beuteteile von Vögeln und anderen Tieren zusammengekehrt hatte (ekelhaft!). Es blieben ja immer noch drei kleinere Löcher offen, verhungern würden die Jungen also kaum.

Es war kurz vor vier Uhr, als der aufdämmernde Morgen bereits im Osten über das Hausdach begann aufzuhellen. Siehe da, zu dieser offensichtlich »gewohnten Stunde« kehrte das Elternpaar zurück. Es sah mich von der Waldseite her auf dem Dach und – der

Marderkater begann fürchterlich zu fauchen (ähnlich einer Katze), strich ums Haus und wußte wohl nicht recht, ob er es wagen sollte, hinaufzugehen oder nicht. Ich zog mich zurück und vertraute auf die Gestank-Vertreibungserfahrung, die schon zweimal funktioniert hatte.

Es half jedoch leider (noch) nicht. Die Alten erweiterten die Öffnungen im Dach kurzerhand. Wir mußten alle Löcher, die größer als ein Fünfmarkstück waren, mit Mäusegitter-Drahtgeflecht mühsam vergittern, ließen nur noch eine letzte Öffnung bewußt offen und umrahmten diese, in Mörtel eingebettet mit in Naphthalin getränkten Mottenkugeln. Das war des Gestanks offensichtlich zu viel. In der folgenden Nacht zog die Meute sang- und klanglos aus....

Es schälten sich also zwei Grundregeln heraus, mit denen wir auch diesmal wieder die Marder letztlich doch vertreiben konnten (denn töten wollten wir sie nicht, da sie in der Kette der Ökologie auch ihre Daseinsberechtigung haben, – nur sollen sie ihr bewegtes Leben nicht über unseren Köpfen leben!), und zwar folgende:

○ Alle Öffnungen im Dachbereich müssen vorsorglich bis auf maximal etwa 3 cm Weite konsequent geschlossen werden. Meist wollen diese Haus- und Steinmarder zwei Öffnungen (ähnlich wie Füchse), um immer noch einen Fluchtweg offen zu haben.

○ Da Marder sehr geruchssensibel sind, sollte das „letzte Loch« ringsum mit stark riechenden (stinkenden!) Mottenkugeln versehen werden, wobei aber eine letzte Fluchtöffnung von mindestens 5 – 7 cm Weite noch offen bleiben muß, damit die Tiere das Haus auch noch verlassen können (ein oder mehrere Tierkadaver unterm Dach ist sicher auch nicht das Gesündeste, und Mardertötungsfallen schieden für uns ohnehin aus).

Ein „Gutes" hatten die Marder doch – wir hatten kaum noch Mäuse. Allerdings sang mancher Vogel frühmorgens zum letzten Mal – bevor ihn der Marder holte. Es ist grausig, vom Balkon aus das jämmerliche Wimmern des sterbenden Vogels mit anhören zu müssen. Es sind übrigens die gleichen Tiere, die die Schlauchleitungen bestimmter Autotypen nächtlich anknabbern, erfahrungsgemäß vor allem wenn das Auto abends/nachts (noch warm) abgestellt wurde. Hier hilft wohl am besten ein Säckchen mit Hundehaaren im Motorraum, das ziemlich tief aufgehängt und alle paar Wochen erneuert wird (Mottenkugeln tun es sicher auch, wenn kein Hund greifbar ist), oder ein Nirosta-Gitter, das man unterhalb des Motorraums anschweißt.

Übrigens, High Tech-Kassetten, die mit Mardertodesschreien bespielt werden, nächtliche Trommelwirbel (selbst erzeugt) und von Hand bediente Klingel-Schreck-Signale usw. schrecken die im Haus wohnenden Menschen erfahrungsgemäß mehr ab als die ungebetenen Mardergäste...

Ökologische Kriterien bei Transport und Fortbewegung

Meinen Lebensrhythmus wollte ich – je wichtiger mir eine ökologische Denk- und Handlungsweise wurde – um so konsequenter danach ausrichten, was für unsere Mitwelt langfristig wesentlich und für Natur, Mensch, Flora und Fauna lebenserhaltend ist. Im Alltag ist es nicht so einfach, die größeren Zusammenhänge zu erkennen und das persönliche Verhalten danach immer bewußter auszurichten. Außer der in den sogenannten zivilisierten Ländern leider immer noch vorherrschenden Energieverschwendung und der anhaltenden chemischen, nun auch zunehmend elektrischen und akustischen Verseuchung spielt das Transportproblem für Menschen und Waren heute schon eine entscheidende Rolle, die in der kommenden Zeit noch viel stärker ins Gewicht fallen wird.

Dies hat Prof. Dr. Peter Bergen nicht nur erkannt, sondern in einer (bisher nur Insidern zugänglichen) Studie unter dem Titel »Problemfall Deutsche Bundesbahn« auch sehr überzeugend dokumentiert. Wenn es demnach nicht gelingt, die sich vervielfachenden Verkehrsströme aus dem Osten nach Westen und Süden rechtzeitig auf die Schiene umzulenken, wird der Verkehr auf den Straßen in wenigen Jahren absolut zusammenbrechen. Vielleicht – wie so oft in der Menschheitsgeschichte – muß es erst soweit kommen, bis auch die Massen dies erkennen und die Konsequenzen, die heute schon absehbar sind, wirklich ernst nehmen und umsetzen.

Fest steht nach den Bergen-Prognosen, daß eine Verkehrswende mit der Deutschen Bahn im Moment leider offensichtlich (noch) nicht möglich ist. Genauso sicher ist aber auch, daß es ohne sie (und ihr weitverzweigtes Schienennetz) erst recht nicht weitergehen kann, weil die Straßen das Verkehrsaufkommen einfach nicht mehr verkraften – und die Natur und Menschheit genauso wenig. Nun, auf die große Politik hat man als einzelne Person gemeinhin relativ wenig Einfluß. Ich versuchte, diese sich abzeichnenden Menetekel-Aspekte als Journalist bei zwei führenden und ansonsten eigentlich sehr an ökologischen Themen orientierten Fachzeitschriften zu publizieren – leider ohne Erfolg.

Die persönlichen Konsequenzen
sind die sichersten

Immerhin haben wir ja selbst immer noch die Möglichkeit, im persönlichen Verhalten ökologische Konsequenzen zu ziehen, gleichgültig, ob andere (schon) mitmachen, oder (noch) nicht. Für die Hausbauphase hatte ich den alten Ford-Taunus noch behalten und mir sogar noch einen Anhänger angeschafft, denn sonst wäre es (mit dem Transport von Baumaterial und erst recht von Recyclingmaterial) sehr schwierig, ja fast unmöglich geworden.
Da ich jedoch überwiegend im Sommer die »Ökohaus-Sommerwerkstatt« betrieb, über Winter dann auf Vortrags- und Seminarreise mit der Bahn unterwegs war und der alte Ford dann still im Wald vor sich hin rostete, entschloß ich mich Anfang der 90er Jahre kurzerhand, das alte Vehikel, das seine 220 000 Kilometer bereits treu gedient hatte, meiner Tochter Susanne zu schenken und mich ab diesem Zeitpunkt grundsätzlich mit dem Fahrrad fortzubewegen. Das dann noch benötigte Baumaterial ließ ich gegen eine entsprechende Gebühr vom Baustoffhändler oder Sägewerk anfahren (anteilig, je nach Menge, waren das 20 – 50 DM).

Das Liegedreirad hat sich als bequemes Fortbewegungsmittel und für den kleinen Materialtransport oft bewährt. Es hat 18 Gänge und einen mit Fell gepolsterte Auflage, die ehemals im Pkw schon gute Dienste tat..

Mit dem Liegesessel-Dreirad
unterwegs durchs Allgäu

Gleich zu Beginn meiner Achberger Zeit hatte ich mir bei der Polizei ein aufgelesenes älteres Herrenrad für 45 DM ersteigert, mit dem ich, wo es ging, die kleinen Besorgungen im nahen Dorf erledigte und auch zu der knapp 2 km entfernten Bushaltestelle via Lindau/Bodensee radelte.

Irgendwann lernte ich den Liegeradbauer Werner Stoike aus Tettnang kennen, der mir sein als zweites gebautes Liegerad, Typ Berta, sehr preiswert überließ. Es ist ein Liege-Dreirad mit zwei kleineren Vorderrädern und einem normal großen Hinterrad. Es besitzt 18 Gänge, mit denen ich als bislang in solchen Dingen ungeübter Radfahrer erst einmal klarkommen mußte. Mit der Zeit schaffte ich sogar den relativ steilen Berg hoch zu unserem Ökohaus. Zugegeben, es blieb mehr ein »Schönwetter«- Fahrzeug, das ich wohl auch zum Einkauf, am liebsten jedoch zu sonntäglichen Ausflügen mit meiner Frau und unserem ältesten Enkelkind Sandra (die damals acht Jahre jung war und gerade gut radeln konnte) benutzte. So erkundeten wir radelnd das nähere und etwas weitere Allgäu.

Ein Drei-Rad habe ich bevorzugt, weil ich eigentlich vorhatte, rechts und links vom Fahrradgepäckträger jeweils einen zusätzlichen Aufsteck-Akku aufzuhängen und diese beim Bergabfahren auch zu treten, um die dabei locker erzeugte Energie in die Akkus einzuspeisen. Beim Bergauffahren wollte ich dann diese Fast-gratis-Energie als Muskelkraftergänzung nutzen. Von Kennern ließ ich mich aber überzeugen, daß das dabei anfallende Mehrgewicht – einmal durch die beiden Akkus und durch den zusätzlich notwendigen Gleichstrommotor – letztlich auch noch bewegt werden muß. Zu den rund 28 kg Eigengewicht des normalen Dreirades wären diese Kilogramm dann auch noch ins Gewicht gefallen!

Zudem sprechen noch zwei weitere Aspekte dagegen – von den Zusatzkosten ganz zu schweigen: Der Nutzeffekt dieser Rück-Einspeis-Version soll nach Expertenmeinung allenfalls um die 10 bis 15 % Energiegewinnung bringen – und dafür der ganze Mehraufwand? Außerdem heißt es, daß ein solcher Motor im Kreuz auch nicht gerade gesundheitsforderlich sein soll (weshalb wohl so viele Elektrolok-Führer Frühinvaliden werden, auch wenn es dort um ganze andere PS-Größen geht). Alles in allem hatte ich diese Idee einer Zusatzausstattung dann bald begraben.

Einmal allerdings wurde ich, auf dem Heimweg vom Besuch bei Freunden, von einem Gewitterschauer überrascht, bei dem die

Regenschutzkleidung nicht mehr viel schützte. Ich war klatschnaß bis zum Bauchnabel, da man beim Liegerad ja die Beine nach vorne hochlegt und so die Wassermassen bis zum Unterhemd gingen. Der mitgenommene Regenschutz als Pelerine hielt das massig niederströmende Naß nur im Oberbereich einigermaßen ab. Bei Liegerädern sind die unteren Extremitäten Regen und Wind wesentlich stärker ausgesetzt, als es bei den herkömmlichen Fahrrädern mit »Reithaltung« der Fall ist.

Danach überlegte ich alle möglichen bescheidenen Alternativen hin und her, aber ein Verbrennungsfahrzeug – ob mit sparsamem Diesel oder wenig Benzin – wollte ich mir in Deutschland einfach grundsätzlich nicht mehr anschaffen! Es ist naheliegend, daß wir schon länger mit einem konsequenten Solarfahrzeug liebäugelten, uns vielerlei Typen anschauten und auch einige internationale Solarfahrzeug-Rallyes besuchten, aber so recht wollte keines überzeugen. Die Einsitzer sind für zwei Personen nicht groß genug, Zweisitzer sind (wegen der kleinen Serie) noch sehr teuer – und schließlich wollte unser Enkelkind während der Sommerferien auch noch mitfahren, das war klar. Zudem brauchten wir auch Stauraum für Gepäck und Wocheneinkauf im 13 km entfernten Wangen oder im 10 km entfernten Lindau.

»Carbike« – das Tret-Auto der Zukunft?

Wir konnten und wollten uns zunächst nicht auf einen mangelhaften Kompromiß einlassen. Dann begegnete uns anläßlich des »1. Lindauer Naturheiltages 1993« Edgar Löhr mit seinem »Carbike« – einem Miniauto in knallroter Farbe, das etwas kurz geraten schien, es aber es in sich hatte: Unter der Haube entdeckten wir zwei getrennt schaltbare Fahrrad-Tretlager. Seine Argumente für das gesunde Fahrradfahren, bei vollem Wetterschutz, leuchteten um so mehr ein, je länger wir darüber nachdachten. Auch die Höchstgeschwindigkeit von maximal 30 km/h war kein ernsthaf-

Im Carbike finden 2 Personen und der gesamte Einkauf Platz

tes Hindernis, uns für dieses schlichte Vehikel immer mehr zu begeistern. »Unter 30 km/h passieren die wenigsten Unfälle«, überzeugte er uns. Ja, dieses Zukunftsfahrzeug für den kleinen Mann, die ökologiebewußte Zeitgenossin auch die einen Zweitwagen suchende Familie soll sogar möglichst führerscheinfrei (allenfalls mit Moped-Führerschein) und wahrscheinlich auch noch fünf Jahre steuerfrei benutzt werden dürfen.

Die Argumente überzeugen völlig, nur – während ich diese Zeilen schreibe, gibt es dieses Mini-Traumauto noch nicht zu kaufen. Es soll aber – mit einem schmucken neuen Chassis (dessen Verdeck mit wenigen Handgriffen bei warmem Wetter leicht abgenommen werden kann und so auch auf Cabrio umrüstbar ist) – im Frühjahr 1996 in kleiner Vorserie anlaufen. Ende 1996 soll es dann – wenn alle Sollwerte stimmen – in größeren Stückzahlen vom Montageband rollen.

Die Gesellschafterversammlung im November 1994 überzeugte mich vollends: Handfeste, fachkundige Experten in beachtlicher Zahl sind dabei, einerseits konsequent neue Wege zu gehen, eine neue Fahrzeugära gemeinsam durchzustarten, aber ohne Berührungsängste sollen auch sinnvolle, optimierte und in der Großserie erheblich preiswertere Autoteile übernommen werden.

Zwei Kenndaten seien noch genannt: Das Fahrzeug soll unter 100 kg leicht bleiben. Es wird grundsätzlich einen kleinen Zusatz-Elektro-Hilfsmotor haben. Bei Ermüdung der tretenden Insassen oder bei zu schwerer Beladung, aber auch in bergigem Gelände und bei Alleinfahrten wenig trainierter oder nicht so muskelstarker Benutzerinnen und Benutzer soll dieser Motor mit einer Leistung zwischen nur 600 bis 1200 Watt unter der Haube stufenlos zugeschaltet werden können. Es ist sogar als Behindertenfahrzeug geplant, wobei dann ein noch kräftigerer Gleichstrommotor (an der Steckdose aufzutanken) für den Antrieb sorgt.

Ansonsten kann es aber als echtes Solarfahrzeug betrieben werden, und wir stellen uns vor, daß wir vor allem im Sommer, wenn unsere Akkus mit Sonnenenergie vollgetankt sind oder gar überkochen, nachts den Überschuß-Solarstrom in die Fahrzeug-Batterien führen und tags darauf mit gutem Ökogewissen durch die Lande surren können, denn leise ist das kleine Minimobil ohnehin – wie eine Nähmaschine und ohne jeglichen Abgas-Gestank!

Fortbewegung mit Muskelkraft

Gottfried (der nicht nur beim Liegeradbau, sondern auch bei selbstkritischen Ökotendenzen die Nase meist vorne im Wind hat) wies in unseren stundenlangen Diskussionen über das Für und Wider verschiedener Transportarten u.a. auch darauf hin, daß es für alle, die sich gerne aus eigener Muskelkraft fortbewegen, auch in Deutschland eine Sektion der HPVA (Human-Powered Vehicles Association) gibt. Dieser Verein verbreitet die Idee umweltverträglicher, muskelkraftbetriebener Fortbewegungsmittel, veranstaltet auch »Rennen« (bei denen jedoch die Alltagstauglichkeit eine besondere Rolle spielt), organisiert Treffen zwischen Profi-Herstellern, Bastlern, Radbenutzern und Sportlern und organisiert Messestände auf Ausstellungen.[15]

Mobilitätsansprüche

Letzten Endes führt kein Weg daran vorbei, die eigenen Mobilitätsansprüche kritisch zu überprüfen. Fragen wie: »Warum zieht es so viele Menschen von zuhause weg bzw. warum halten es so viele zuhause nicht aus?« drängen sich dabei auf. Oder: »Warum liegen Wohn- und Arbeitsort überwiegend so weit auseinander?« (und das trotz des Computer-Zeitalters, wo die Arbeit doch eigentlich per Bildschirm ins Haus geholt werden könnte?). Oder die Frage: »Warum sind unsere Städte und Straßen so auf Durchgangsverkehr ausgerichtet und nicht mehr wie früher auf »Lebensraum«? Offensichtlich wären dezentrale Arbeitsplätze, an denen Lebens- und Wohnmöglichkeiten miteinander kombiniert werden, eine wichtige Voraussetzung zur aktiven Verkehrsvermeidung oder doch wenigstens zur -verminderung.
Selbstverständlich müßten sich die Versorgungs- bzw. Erzeugerstrukturen hier anpassen; dazu gehören auch der Lebensmittelanbau, die -verteilung sowie handwerkliche Dienstleistungen.

Car-Sharing

Die Tatsache, daß viele (Zweit-) Autos erheblich länger am Straßenrand stehen, als sie wirklich benutzt, d. h. gefahren werden, hat kühl rechnende und ökologisch motivierte Bürgerinnen und Bürger schon vor Jahren auf die Idee gebracht, das »Steh-Auto« zu einem von mehreren abwechselnd benutzen Vehikel werden zu lassen. Auch wir ließen uns von dieser Idee anstecken, und da es in dem kleinen Taunusstädtchen, unserem früheren Wohnort, (noch) keine professionelle Car-Sharing-Organisation gab, ergriffen wir kurzerhand selbst die Initiative und starteten eine Handzettel-Aktion. Bei allen Nachbarinnen und Nachbarn im Umkreis von etwa 300 m, bei denen mit schöner Regelmäßigkeit ein Auto vor dem Hause so vor sich hin stand, warfen wir bei Nacht und Nebel einen

»Anfragezettel« in den Briefkasten. Die Aktion sollte so diskret wie möglich laufen, weil wir ja – gleichgültig was dabei herauskommen sollte oder nicht – weiterhin ein möglichst ungetrübtes gutes Nachbarschaftsverhältnis behalten wollten. Der Text war so harmlos wie irgend möglich abgefaßt, und hob vor allem die Kosteneinsparmöglichkeiten und ökologische Argumente hervor.

Nun, das Ergebnis war ernüchternd! Von den zehn angepeilten Nachbarn antworteten nur ganze zwei, und zwar die, die gute Gründe zu haben glaubten, um nicht auf unser Angebot einzugehen. Die Gründe bewegten sich zwischen »Autobedarf am Wochenende« (für die gerade den Führerschein erworbenen heranwachsenden Kinder) und der »nur noch bedingten Fahrtauglichkeit des Zweitwagens« (nach dem Motto: »Das können wir unseren lieben Nachbarn gar nicht mehr zumuten...«) Da war also nichts zu machen. In vielen größeren Städten gibt es inzwischen jedoch recht professionell eingespielte Car-Sharing-Organisationen, die aus den ersten Schwierigkeiten und Organisationspannen viel gelernt und ihre Erfahrungen in entsprechenden Broschüren eingebracht haben (Adresse siehe Anhang).

Mit materiellen Dingen geistig umgehen lernen!

Reaktionen beim Besuch des Lehmhauses

Bei den – inzwischen weit über die tausend – Besucherinnen und Besuchern unseres Ökohauses gibt es grundsätzlich dreierlei typische Reaktionen:

○ Spontane Begeisterung, etwa mit den Worten: »Das ist ja toll! So hatte ich mir das immer schon gewünscht!« (Das gilt besonders für den Eintritt in unsere Eß- und Wohnküche, die schon einen etwas höhlenartigen Charakter hat; dieser war zwar nicht direkt beabsichtigt, sondern hat sich bei den Nischen hinter Astwerk und Lehmputz, Regalen und Simsen aus dem gleichen Material letztlich so ergeben).

○ Die zweite, etwas seltenere Reaktion (aus Höflichkeit unterdrücken vielleicht auch einige der Gäste ähnlich empfundene Reaktionen, wer weiß?) hörte sich etwa so an: »Nee, so bestimmt nicht! Das ist ja bedrückend! In einer Höhle möchte ich wirklich nicht leben!« Nun, man macht sich da so seine Gedanken. Gibt es traumatische Geburtserlebnisse, oder sind schlimme uralte Erfahrungen aus früheren Leben die Ursache?

○ Die Mehrzahl der Besucherinnen und Besucher jedoch sagt wenig bis gar nichts; diese Menschen scheinen eher überrascht, erstaunt und verwundert. Vielleicht murmelt der eine oder die andere nur: »Ich hatte ja keine Ahnung, was man mit und aus Lehm und Naturmaterialien alles machen kann...«

Ich muß zugeben, die letzte Gruppe ist mir die liebste! Mehr als etwas nachdenklich machen und anregen zum eigenen kreativen Tun können wir doch, realistisch besehen, ohnehin kaum, und das erscheint mir schon eine ganze Menge. Da doch einige Lehmbaukönner und viele kreative Mitmachende ihr Wissen und ihre Erfahrungen eingebracht haben, wurde es letztlich doch ein Gemeinschaftswerk von vielen.

Das Künstlerische, das Skurrile und Spontane, welches ja gerade den besonderen Reiz des gesamten Werkes ausmacht und in vielen Variationen Gestalt angenommen hat, entstand einfach intuitiv und ist so wohl auch kaum planbar. Die nötige Zeit und ein in den Jahren mehr und mehr gewachsenes Vertrauen dahingehend, daß alles gewiß zur rechten Zeit gut und vollendet werden wird, waren die wichtigsten Voraussetzungen. Dazu gehörte sicher auch einiger Mut, über die Länge der Bauzeit und angesichts der kritischen, fast übersensiblen Nachbarschaft sowie einiger Verwandten, Freundinnen und Freunde, sich nicht irritieren und – auch wenn es unbeabsichtigt war – verunsichern zu lassen.

Das vorhandene Ur-Vertrauen, das mich schon als kleiner Junge in der Fremde durch manche bedrohliche Fährnisse irgendwie sicher geführt und geleitet hat, half mir auch hier über die Klippen und Herausforderungen hinweg. Zugegeben, zu Beginn der Bauphase wollte ich meine Ideen und Vorstellungen noch absolut sicher planen und dann naturgemäß (als Wassermann mit Schütze-Aszendent) durchsetzen. Ich habe mir dabei manche Schramme zugezogen, und manche Enttäuschung war damit auch schon einprogrammiert. Das wurde erst langsam anders, als ich irgendwann merkte, daß es so – mit dem Kopf durch die Wand – wirklich absolut nicht ging, ohne mir immer wieder beachtliche Blessuren bzw. zumindest herbe Enttäuschungen einzuhandeln.

Statt machen –
lernen, sich führen zu lassen!

Ich glaube, es war nach so etwa drei bis vier Jahren Bauzeit, als es darum ging, sich für eine Trockenkompost-Toilette zu entscheiden. Natürlich wollte ich die optimierte, perfekte Lösung! Die bekannten Modelle waren mir entweder zu teuer, zu platzraubend oder technisch zu energieaufwendig. Nichts lief, und ich wurde immer wieder von Besucherinnen und Besuchern gefragt, wo denn die in der Gesamtkonzeption angekündigte Trockenkompost-Toilette sei? Ich mußte passen und ärgerte mich gewaltig darüber, als »Fünfer-Enneagramm-Typ« keine perfekte Lösung präsentieren zu können. Irgendwie spürte ich aber auch unterschwellig, daß das Thema noch nicht ausgereift war.

Und siehe da: Kurz darauf meldete sich Marta Guoth-Gumberger frisch aus der Misereor-Entwicklungshilfe im Sudan zurück und fragte, welche Erfahrungen ich denn mit der Kompost-Toilette gemacht hätte. Als ich kleinlaut und recht verlegen zugeben mußte, daß wir überhaupt noch keine hatten, sagte sie spontan, daß sie mit dem weltweit am meisten verbreiteten »Zwei-Kammer-Gruben-System« sehr gute Erfahrungen gemacht hätte und gerne mal eine Woche herkäme und uns zeigen würde, worauf es dabei ankomme und wie das gehe.

Bei mir schlug es ein wie ein Blitz! Ich wußte nur in ganz groben Umrissen, was da auf mich zukommen sollte, aber ich spürte ganz innen: »Das ist es!« Von da an lernte ich (zugegeben mit etlichen Rückfällen in die Macher- und Perfektionistenrolle) immer mehr und grundsätzlicher, auf meine inneren Eingebungen, auf mein Gefühl (das bei uns Männern von Haus aus ja nicht in einem so hohen Kurs steht), auf die innere Stimme zu hören, und darf dankbar sagen: »Es ist das einzig Sinnvolle!«

Gute Lösungen müssen reifen können

Seitdem spare ich mir manche Hektik und Ungeduld und habe mehr reife und ausgereifte Lösungen, die ich mit erheblich geringerem Aufwand und weniger Umwegen und vergeblichen Anläufen dann verwirklichen kann, wenn eben der richtige Zeitpunkt gekommen ist. Das ist anderen Menschen nicht so einfach zu vermitteln und weiterzugeben. Es hat auch mit dem Alter wenig zu tun. Mir sind während der Ökobauphase auch sehr junge Menschen begegnet, bei denen ich mit Staunen und Überraschung diese innere Einstellung und eine zielsichere Intuition mit Freude feststellen konnte. Alter ist einfach relativ.

Als ich den damals weit über 90jährigen Walter Sommer, geistig völlig klar, gelassen, wohl trotzdem engagiert, kennen und schätzen lernte, war das eine wunderbare Begegnung und Erfahrung, die noch lange nachhallte. Sie zeigte mir erstmals in meinem Leben bewußt, wie weit ein reifer Mensch in vielen Erdenjahren auch gelangen kann. Er machte mit 92 Jahren noch Trimmlauf, heiratete mit 94 eine »junge Frau« (von über 70 Jahren) und verließ diese Erde mit 99...

Was mich sonst noch bewegte

In den letzten fünfzehn Jahren habe ich landauf landab viele Vorträge gehalten und Seminare veranstaltet. Es ging dabei vor allem um folgende Themenbereiche:

○ Die Kleidung – unsere zweite Haut, mit grundsätzlichen Darstellungen über Herkunft und Eigenschaften der verschiedensten Fasern für Textilien und deren Wirkung auf den Menschen, aber auch um die Körperreaktionen und Empfindungen des Menschen auf seine Umhüllungen

○ Der erholsame Schlaf – der ungestörte Schlafplatz – das optimierte Bett

- Ein- und Auswirkungen der Lebensmittel und des Umfeldes auf den Menschen inklusive optimaler Heizquellen für die Nahrungsmittelzubereitung und günstiger Kochgeschirre
- Ökologisch denken – biologisch bauen – sinnvoll leben (mit rund 150 Farbdias, insbesondere über das Öko-Modellhaus in Achberg am Bodensee)
- Planung und Bau von Kräuterspiralen (rund 20 wurden bis Ende 1994 von mir projektiert und mit mir Helfenden praktisch gebaut)
- Trinkwasser-Einsparung durch »Trockenkompost-Toilette« (die ökologische 00-Lösung der Zukunft, einschließlich grobstofflicher Trinkwasser-Reinigungsverfahren und feinstofflicher Trinkwasser-Qualitätsverbesserung durch Vitalisierung)
- Die feinstofflich aufladende Wirkung von Pyramiden (nach dem Cheops-Modell) und Orgonplatten (nach Wilhelm Reich) zur qualitativen Verbesserung der Lebensmittel und zur Meditation (von 1980 bis 1991 habe ich europaweit drei Pyramidenkongresse organisiert, die beiden letzten gemeinsam mit Ludwig Schoen und seiner Stiftung »Lebensreform«)
- Naturvorratshaltung ohne zusätzlichen Energieverbrauch (vom Erdkeller über Erdtrommeln und Solartrockner für Heilkräuter, Obst und Gemüse bis zur Kühlschrank-Pyramide und Orgonplatte)
- Die geistigen Gesetze und ihre Ein- und Auswirkung auf den Menschen und sein Umfeld (es sind die wirklichen NATUR-Gesetze, die grundlegend wichtig und zu beachten sind). Vor allem ist es die Kraft und Energie unserer Gedanken, deren subtile bis massive Wirkung im allgemeinen völlig unterschätzt wird, im Negativen wie im Positiven.

Gerade das letztgenannte Thema ist mir insgesamt das Wichtigste.

Die geistigen Gesetze
in praktischer Anwendung

So hat Dr. Heide Fitkau-Garthe die Vorträge überschrieben, in denen sie anspruchsvollen Managern und geistig bewußt Suchenden eine praktische Lebenshilfe-Anleitung gibt, um mit den Herausforderungen im Alltag besser zurechtzukommen. Es geht im Grunde darum, zu erkennen, daß alles seine Ein- und Auswirkungen hat – was wir denken und wie wir handeln –, daß wir für alles die volle Verantwortung übernehmen müssen und die Quittung dafür bekommen, ob wir uns über die Ursachen damals bewußt waren oder nicht. Viele Mitmenschen sehen ja keinerlei Zusammenhänge und betrachten belastende Situationen sehr rasch und vordergründig als einen »Unglückstag«, an dem man einfach »Pech gehabt« habe. Erst wenn sie einsehen und erkennen, daß sie vieles selbst verursacht haben, dämmert ihnen früher oder später, daß nur sie allein und niemand sonst etwas ändern und besser machen können, um ein besseres Ergebnis erwarten zu dürfen. Wir können uns aber, wie bereits angedeutet, von innen heraus und von oben führen lassen – gleichgültig, welche Vorstellungen man selber hat, wo diese Führung herkommt oder gar »wer« da führt oder auch vor Schlimmerem bewahrt.

Wer Wind sät – wird Sturm ernten

Dieser Zusammenhang ist fundamental wichtig, gleichgültig, was wir tun, und mit dem Denken, den positiven oder negativen Gedanken fängt im Grunde schon alles an, sind die Handlungen bereits vorprogrammiert. Inwiefern paßt dieses Thema in dieses Buch? Ein Ökohaus, das aus Protest gegenüber wem auch immer gebaut wurde, wird später nie die gute Schwingung ausstrahlen können, die von ihm ausgeht, wenn die am Bau Beteiligten das Vorhaben mit guten Gedanken angehen. Selbst das optimale Baumaterial kann allein noch nicht das heimelige, gute, harmonisierende und aufbauende Umfeld schaffen, wenn die Atmosphäre schon während der Bauphase vergiftet und geistig vorbelastet wird.

Jeder etwas feinfühlige Mensch merkt, wenn er ein fremdes Haus erstmals betritt, wes Geistes Kind dort vorherrscht und die Atmosphäre prägte. So gibt es Häuser und Wohnungen, in denen man sich gerne niedersetzt und gar nicht ans Fortgehen denkt. Bei anderen wiederum hält man es nicht lange aus und schaut, daß man so rasch wie möglich weiterkommt. Ich habe es einmal erlebt, daß fremde Menschen (bei einem Seminar) gar nicht erst in das Haus hineingehen wollten, weil sie eine Sperre empfanden, die wie Watte wirkte; nur mit großer Überwindung gingen sie näher an das Haus heran und schweren Herzens schließlich doch hinein, weil das Programm letztlich zu verlockend war.

Die Freunde, welche jenes Haus vor Jahren gekauft hatten, haben diese Aussagen öfters zu hören bekommen und waren recht verzweifelt, weil sie ihre neue Existenz gerade auf dieses Haus mit der tollen Traumlage, mitten in den Wiesen, nahe am Wald gelegt hatten. Später hörte ich, daß sie das Haus mit Kerzenmeditationen, Gebeten und Edelsteinen schließlich nach Jahren so gereinigt hatten, daß es nicht nur keinerlei Probleme mehr gab, sondern die Atmosphäre einladend und wunderschön wurde. Wer weiß, was in einem solchen Hause irgendwann früher einmal gelaufen war?

Klassische Musik, was gesprochen wird und vor allem auch in welchem Tonfall – all das hat einen prägenden Einfluß auf die Materialien und auf die darin lebenden Menschen, Tiere und Pflanzen. Das mag für viele neu sein, aber es entspricht den Erfahrungen vieler Menschen. Ich muß zugeben, daß ich damals, zu Beginn der Ökohaus-Bauphase, auf so etwas überhaupt noch nicht geachtet habe. Erst nach und nach dämmerte es mir. Meiner Beobachtung zufolge spüren vor allem manche Frauen, die noch in sich ruhen und in ihrer Mitte sind, seismographisch, was auf sie zukommt. Sie haben eine sehr feine Witterung, auch fremden Menschen gegenüber. Wir Männer sind gut beraten, da mal genauer hinzuhören, solange wir uns selbst noch nicht dahingehend sensibilisiert haben, um das selbst wahrzunehmen. Ich bin davon überzeugt, daß jeder Mensch diese intuitiven Anlagen hat, daß sie bei manchen jedoch schon sensibilisiert sind und bei anderen weniger oder gar nicht. Das Wichtigste scheint mir aber, daß wir erkennen, daß es solche Zusammenhänge gibt und daß es für uns sehr hilfreich sein kann, wenn wir diese Gabe bewußter und gezielter einsetzen.

Den Seinen schenkt's der Herr im Schlaf

Vor Jahren wurde mir von einer wohl hellsichtigen Frau (ungefragt) gesagt, daß ich einmal Tagträume haben würde. Ganz so weit scheint es nun noch nicht zu sein. Ich höre mir solche Dinge und manche andere Aussage wohl an und – lasse sie so stehen. Irgendwann zeigt sich, was da dran ist. So lange kann ich abwarten.

Was ich aber seit Jahren immer bewußter feststelle, ist, daß ich morgens aufwache und mir fast immer eine Lösung für die Probleme einfällt, die ich habe. Diese Lösungen können auch tagsüber kommen, manchmal Sekunden nach der Problemstellung. Manchmal dauert es aber auch Tage, Monate oder gar Jahre... Da sollte man warten lernen, für die einfließende Antwort aber immer empfangsbereit bleiben.

Das vorher zitierte Bibelwort (»Den Seinen schenkt's der Herr im Schlaf«) ist wohl mehr symbolisch zu verstehen. Es kann auch nach einem schweißtreibenden Trimmlauf oder in einer tiefen Meditation sein – eben wenn wir völlig entspannt (statt verkrampft) sind und offen, d. h. wenn wir unsere Empfangsantennen ausgefahren haben. Wer nicht hören will oder kann, wird auch nichts empfangen können. Es ist mir ein grundsätzliches Anliegen, diese tieferen Zusammenhänge gerade auch in diesem Buch anzudeuten, weil alle Ökologie dort ihre Grenzen hat, wo es nur noch ums Materielle geht. Das Materielle ist irdisch und entspricht auch unserer lebenspraktischen Wellenlänge. Wir leben darauf, davon und damit und sollten dankbar sein für diese irdische Lebensbasis. Aber dies ist nicht alles, es ist mehr nur Mittel zum Zweck. Kein Geringerer als Goethe läßt Faust sagen: »Alles Vergängliche ist nur ein Gleichnis«, ein Beispiel also. Aber das Geistige ist uns Menschen aufgetragen, und hier finden wir – ohne deshalb abgehoben zu sein – unsere eigentliche Erfüllung und Entsprechung.

Gewiß ist der Zugang zu diesen Dimensionen nicht für alle gleich einfach. Es kommt offensichtlich sogar mehr darauf an, was das einzelne Wesen, was die Seele aus früheren Zeitläuften und Erfahrungen mitbringt und wie reif (gereift im Sinne von aufnahme- und empfangsfähig) der einzelne Mensch daher hier ankommt. Im Verlauf seines irdischen Daseins hat er meist manche Gelegenheit, noch das zu lernen, was ihm aufgetragen ist, was er aus einer anderen Dimension erkannt und sich nun wahrscheinlich hier vorgenommen hat.

Warum aber achten wir Menschen (durch Erziehung und Schule noch verstärkt so geprägt) eigentlich so wenig auf die feineren Töne, auf unsere Intuition und die höhere Führung? Offensichtlich deshalb, weil wir meist nur glauben, was wir sehen und anfassen können. Das ist sehr wenig, denn wir wissen inzwischen, daß unser menschliches Auge nur einen verschwindend kleinen Bruchteil von dem wahrnehmen kann, was es insgesamt gibt oder zu geben scheint. Aber selbst diese Ahnungen, die alle bisherigen Vorstellungen sprengen, sind mit hoher Wahrscheinlichkeit wieder auch nur ein Bruchteil dessen, was es tatsächlich auch noch gibt. Und nur ein winziges bißchen hiervon werden wir in einem Erdenleben erkennen und erfahren lernen. Dabei gilt der Mensch als »Augenwesen«, und es ist bekannt, daß rund 80 % von dem, was wir wahrnehmen, über die Augen aufgenommen wird, d. h. die anderen vier Sinne werden kaum genutzt. Über die fünf Sinne hinaus gibt es aber mindestens zwei weitere, die jedem Menschen eigentlich zur Verfügung stehen könnten, wenn er bewußten und zugleich weisen Gebrauch davon machen wollte: der sechste Sinn für das feinere Gespür und der siebte Sinn für die Intuition und darüber hinaus für Vorahnungen, die bis zur Hellsichtigkeit reichen können.

Es gibt keine wirkliche »Konkurrenz«

Ich halte die Angst vor der sogenannten »Konkurrenz« zwar für allzu menschlich, jedoch für völlig überflüssig. Sie baut sich meiner langjährigen Beobachtung nach vor allem aus einer tief sitzenden Angst auf, und zwar vorwiegend bei Menschen, die nicht in ihrer Mitte, also wenig ausbalanciert sind.

Der amerikanische Hirn- und Verhaltensforscher McLean untersuchte die unterschiedliche Dominanz der drei unterschiedlich ausgeprägten, aber jedem Menschen eigenen Hirnteile (das ältere Stamm-Hirnteil, das jüngere Zwischen-Hirnteil, welches wir mit den absolut nach Konkurrenz ausgerichteten Herdentieren gemeinsam haben, und die Großhirnrinde, das jüngste Hirnteil, das nur bei Menschen vorkommt) und stellte am Ende seiner jahrelangen Forschungen absolute Zusammenhänge zwischen den Hirnteilgrößen und den dafür typischen Verhaltensweisen, Bedürfnissen und Fähigkeiten fest.

Der Psychologe Rolf Schirm destillierte aus den Tausenden von »Hirnteil-Reaktionstypen« nach McLean – auf einen stark vereinfachten Nenner gebracht – drei Grundtypen mit jeweils flankierenden, ergänzenden Nebeneinflüssen durch die beiden anderen Hirnteile, die im Umfang und der Wirkung allerdings zurücktreten. In vielen eigenen Tests mit sehr unterschiedlich reagierenden und hirnstrukturierten Menschen haben wir die Treffsicherheit dieser praktikablen Schirm-Analysemethode mit einer relativ kleinen Schwankungsbreite von nur etwa 5 – 10 % in den letzten zehn Jahren sehr oft bestätigt bekommen.

Jeder Mensch ist einmalig

Warum das Ganze? Auf einfache Weise wird hierdurch verdeutlicht, daß beispielsweise der stark zwischenhirn-geprägte Mensch vom Typ her automatisch »in Konkurrenz denkt« und dann automatisch und folgerichtig auch konkurrierend handelt. Leider wird in unserem Zivilisationsbereich ja schon von jung an in der Schule und durch die meisten Eltern (die ebenso geprägt sind, diese Art Betrachtung folglich als selbstverständlich erachten und mit ihren Kindern zuhause ebenso verfahren) vorwiegend in Konkurrenz gedacht und gehandelt. Von jedem Kind wird das Gleiche erwartet oder verlangt. Dabei wird ignoriert – was die Lebenserfahrung und -beobachtung von jeher zeigt –, daß *jeder Mensch einmalig ist!*

Das heißt doch, daß Fähigkeiten und Talente ebenso wie Schwächen und Engpässe bei jedem Menschen anders ausgeprägt sind. Wieso erwarten wir von jedem Kind und jedem Erwachsenen die gleiche »gute« Leistung in jeder Sache und – noch schlimmer – bewerten durch Noten und Lob oder Tadel das Ergebnis? Wir schlagen sämtliche Lebensäußerungen von Menschen über einen und denselben Leisten – mit welchem Recht eigentlich?

Die romantischen, eher verspielten, gefühlsbetonten und stammhirn-geprägten »GRÜNEN« (hier psychologisch-symbolisch, nicht politisch verstanden und hier auch zwangsläufig stark simplifiziert dargestellt) leben vorzugsweise in der Vergangenheit und haben andere Bedürfnisse und Fähigkeiten als beispielsweise die aktiven, oft massiven, sich gerne in den Vordergrund spielenden zwischenhirn-geprägten und in der Gegenwart lebenden »ROTEN« oder gar die vorzugsweise in die Zukunft denkenden, eher introvertierten, gründlichen »BLAUEN«.

Das soll hier zumindest andeutungsweise erklären und begründen, was die einzelnen Menschen vom Wesensgrund und ihrer Anlage her zu diesem oder jenem Verhalten drängt und treibt. Im täglichen Miteinander führt dies dann dazu, daß sich Menschen ergänzen können, aber es führt eben oft auch zu einprogrammierten Mißverständnissen. Es ist leichter, mit der völlig anderen Wesensart des Partners bzw. der Partnerin oder des Gegenübers umzugehen oder die speziellen Talente anderer gezielt und bewußt für die gemeinsame Sache zu nutzen, anstatt von allen das gleiche Verhalten zu erwarten und enttäuscht zu sein oder gar Vorsatz und Böswilligkeit beim Gegenüber zu vermuten, wenn etwas entgegen unseren Vorstellungen läuft oder wir ungewollt aneinander vorbeireden.

Sich selbst und andere besser erkennen und verstehen lernen

In dem sehr aufschlußreichen Buch »Jeder ist einmalig« geht es zwar mehr um die richtige Ernährungsweise für die 22 verschiedenen Konstitutions-Typen, aber psychologische Bezüge sind auch daraus ohne weiteres ableitbar. Ähnlich, aber doch noch stärker aufgefächert, demonstriert das Werk von Richard Rohr (ein amerikanischer Franziskaner-Priester) und Andreas Ebert (evang.-lutherischer Pfarrer) unter dem Titel »Das Enneagramm« die sehr unterschiedlich differenzierenden Menschentypen. Auch hier wird überdeutlich, wie sehr einerseits die menschlichen (Hirn-) Prägungen das Verhalten der einzelnen Menschen bestimmen. Andererseits ist aber auch deutlich erkennbar, welche Chancen wir alle haben, aus dem Mitgebrachten und aus der Art und Weise, wie wir durch das bisherige Leben geprägt wurden, etwas Besseres zu machen (es wachsen und reifen zu lassen!) bzw. daß auch die Gefahr besteht, ins Negative abzurutschen. Bewertungen wie »gereift »oder »unerlöst« sind dafür grob kennzeichnend, je nachdem ob sich der Mensch bewußtwerdend auf dem schmalen, oft dornigen Pfad nach oben oder – mehr unbewußt lebend – auf der breiteren, bequemeren abschüssigen Straße nach unten bewegt... Diese psychologischen Zusammenhänge erscheinen mir im Rahmen dieses Buches über unser Ökohaus durchaus erwähnenswert, da es ja nie um eine abstrakte irgendwo allein auf einer grünen Wiese oder in einem Dornröschenhain stehende Öko-Idylle geht, sondern daß dort ja im allgemeinen Menschen miteinander leben wollen und meist auch Nachbarschaft vorhanden ist, mit der man versucht, in Frieden miteinander auszukommen, im günstigsten Fall sich sogar zu ergänzen und zu helfen.

Bei dem momentan stärker werdenden Ökosiedlungs-Trend sind Enttäuschungen schon grundlegend vorprogrammiert, wenn nicht ein Mindestmaß solcher psychologischer Grundkenntnisse vorhanden ist, die dann in der Praxis auch behutsam berücksichtigt werden. Daß das keineswegs selbstverständlich ist, zeigen die Bauchlandungen vieler mit großem Idealismus angestrebten Unternehmungen in der Vergangenheit. Dabei ist die Zeit für solide Ökosiedlungs-Projekte meiner Überzeugung nach noch nie so reif gewesen wie heute. Aber wo sind die Integrationsfiguren, die solche Projekte gekonnt vorbereiten und diese vor allem in der schwierigen Anlaufphase mit tragfähigen, reifen Menschen auf einer geistig ausgerichteten Basis verwirklichen?

In der Ergänzung liegen unsere größten Chancen

Ich bin zutiefst davon überzeugt, daß jeder Mensch eine ganz bestimmte Aufgabe in diesem Leben übernehmen und versuchen sollte, das zu erkennen und da hineinzuwachsen – gleichgültig wie mühsam oder schwierig dieses Unterfangen sich praktisch gestaltet. Aber wie sieht das lebenspraktisch im Alltag aus? Die einen leben in den Tag hinein und tun nur das, wozu sie gerade Lust haben. Andere lehnen sich – mit genauso wenig eigenem Bewußtsein – an das an, was andere tun und vormachen. Beide werden viele Chancen, die sie – aus höherer Perspektive gesehen – wahrnehmen sollten und wohl auch könnten, kaum nutzen. Es geht ja nicht um perfektes Handeln, sondern mehr um ein geduldiges, aber bewußtes Spüren, was ich tun soll, und darum, dies dann auch wirklich zu machen. Wie läßt Goethe seinen Faust sagen: »Wer immer strebend sich bemüht, den können wir erlösen...!«

Der Winter auf La Palma

Ökohaus mit Lehmbau

Durch meinem ehemaligen Studienkollegen und Freund Roland Kürchner aufmerksam gemacht fand ich im Herbst 1992 die Idee gar nicht so absurd, auf den Kanarischen Inseln, in der winterlich-warmen Sonne La Palmas, dieses Buch über das Ökohaus in Achberg am Bodensee zu schreiben. Kurz entschlossen gingen wir im Februar 1993 auf eine dreiwöchige Orientierungsreise dorthin, zu der uns speziell Heinrich Schmidt eingeladen hatte, der dort seit Jahren drei *fincas* (Ländereien bzw. Plantagen) besitzt und den deutschen Touristen sowie den ständig dort Lebenden biologisch gezogene Orangen, Avocados und Bananen anbietet. Schließlich bewohnten wir probeweise ein etwa 120 Jahre altes palmerisches Berghäuschen, »Casa rustica« genannt, das wir im Folgejahr dann auch erwarben. Es mußte beheizbar gemacht werden, denn auf rund 1000 m über dem Atlantik wird es auch nach dem herrlichsten Sonnenuntergang, den wir fast jeden Abend genießen konnten, nach kurzer Zeit deutlich kühler.

Buchmanuskript
mit Solarstrom begonnen

Nun, im Winter 1994/95, ist es soweit: Dieses Buch kann mit Solarstrom und der neuen elektronischen Schreibmaschine geschrieben werden! Nach einiger Eingewöhnungszeit geht es mit der Maschine flott voran, und das Geschriebene kann sogar auf Diskette abgespeichert werden.

Der genaue Buchschreibe-Start-Termin war am Montagmorgen, dem 6. März 1995. Unser Sohn Stefan hatte – bewaffnet mit Solarpanele und Regler von Werner Däumling – die Gleichstrom-Elektroinstallation dafür ins Haus gelegt, und siehe da, nach einigen Versuchen klappte es wunderbar, und die Kerzenära war dort prinzipiell beendet. Gottfried Graupner gestaltete in mühevoller Detailarbeit und originellem Sachverstand aus dem kleinen runden, kanarischen Kanonenofen einen sinnreichen »Ab- bzw. Zuwärmeofen«, wie er ihn bezeichnete, der tatsächlich nur etwa halb so viel Brennholz benötigt, um die gleiche Wärmeausbeute zu liefern.

Die ersten Lehmbaukurse

Er kann es einfach nicht lassen, im Lehm herumzuwühlen! So oder ähnlich werden jetzt einige Leserinnen und Leser wohl denken – und meine Frau sprach das auch prompt so aus. Nun, noch glaube ich, daß ich es auch lassen kann. Aber dieser wunderschöne, geschmeidige rotbraune Lehm, der sich wie Buttercreme verarbeiten läßt, der kann einen Lehm-Mann doch nicht kalt lassen! Und noch dazu liegt er nur etwa 200 m oberhalb unserer *casa* buchstäblich an der Straße. Also, wenn das kein Fingerzeig höherer Führung ist...

Auf den dortigen Lehm-Trip brachte mich aber eigentlich Prof. Dr. Anton Schneider, Chefredakteur der Zeitschrift »Wohnung + Gesundheit«, der vor einigen Jahren etwa 2 km unterhalb seine kleine *casa* mit demselben Lehm gesundheitsbewußt ausbauen ließ. Da ich nicht nur schreiben, sondern zwischendurch auch praktisch arbeiten und etwas Sinnvolles tun wollte (außer Holz hakken), schrieb ich in »Wohnung + Gesundheit« zunächst einmal zwei 5 Tage dauernde Lehmbaukurse auf La Palma aus. Schließlich kamen daraufhin letztlich Alfred Werner und seine Frau Elke aus Köln (die sich vor Abreise auch prompt wegen eines Dauer-Domizils auf der »Insel des ewigen Frühlings« umsahen). Zudem nahmen Isabell aus Nürtingen und Uli aus Ravensburg, die auf der Insel bereits mehr oder weniger heimisch sind, am ersten Kurs teil.

Selbst Lehmsand mit Zementbeimischungen (im Prinzip eine Sünde für einen klassischen Lehmbauer), im Verhältnis von wenigstens 9 : 1 (Lehm/Sand : Zement) für Außenanstriche oder für Mauerwerksmörtel im Außenbereich, gilt – so Prof. Dr. Anton Schneider – gerade noch als ausreichend, um nahezu wasserfest (bei gelegentlichen Regenfällen) zu wirken. Wir haben die Mischungen etwas schärfer gemacht, d. h. etwas mehr Zement genommen und das Mischverhältnis enger gewählt. Beim Lehm kommt es sehr stark auf seine innere Beschaffenheit an, denn er ist örtlich oft sehr verschieden in der Ausgangskonsistenz. Je höher sein Tonanteil ist, um so geschmeidiger wird die Mörtelmasse. In Kuba wird, wie mir Dr. Horst Schroeder mitteilte – er ist 1. Vorsitzender des Dachverbandes Lehm (DVL), der die Internationalen Lehmbaukongresse veranstaltet (1993 in Weimar, 1994 in Aachen) –, diese Lehm-Zement-Mischung massenweise für Blocksteine selbst für mehrstöckige Häuser bzw. für Hochhäuser verwendet.

Schließlich bleibt noch ein Wort zum dabei verwendeten Sand zu sagen: Er soll scharf, d. h. scharfkantig und ggf. gewaschen und auf jeden Fall frei von jeglichem Humus sein!

Wir gestalteten übrigens die obligatorische Trockenkompost-Toilette mit filigranen Lehmtüchern auf der Lehmstampfwand, machten Lehmsteine und schließlich noch Lehmbrote für den Innenbereich, also nur luftgetrocknete. Für die von Regenwasser gefährdeten Bereiche wurden umfangreiche Experimente mit Quark (Kasein), Kalk, Wasserglas und Zementbeimischungen gemacht, die sich auch bei ersten Regenschauern gut bewährten.

Ein ökologischer Rückschritt?

Da wir dort oben in unserem Dorf El Pinar keinen Trinkwasseranschluß haben, die nächste öffentliche Wasserzapfstelle 4,5 km entfernt liegt, d. h. rund 400 m tiefer an der Straße zugänglich ist, haben wir uns (ich schweren Herzens und sehr widerwillig) nochmals entschlossen, einen alten VW-Camper-Bus zu erwerben. Die rund 3000 km von Lindau bis Tijarafe auf La Palma, die erheblich teureren Schiffs-Transferkosten (von den wirklich atemberaubenden Klimaverhältnissen in der 4-Bett-Kabine gar nicht zu reden) – all das war an sich schon eine Strafe, wobei mein Gewissen dadurch allerdings keineswegs entlastet wurde. Wenn ich schon erhebliche Hemmungen habe, einmal im Jahr die ökologisch sehr bedenkliche Flugreise nach hier in Anspruch zu nehmen, so erscheint es mir nun noch schlimmer, erneut eine Benzinkutsche mit angeschafft zu haben, auch wenn sie – soweit es nach meinem Einfluß geht – grundsätzlich nur für den einen wöchentlichen Einkauf im rund 25 km entfernten Los Llanos und eben für die derzeit unvermeidlichen Trinkwasser-Transport-Bedürfnisse eingesetzt werden sollte. Es ist wirklich mühsam, ökologische Grundsätze einvernehmlich im Alltag umzusetzen, ohne allzu weitgehende Kompromisse einzugehen.

Ein Lastenfahrrad für alle (Not-) Fälle

Vom Wassertransport einmal abgesehen (es wird gemunkelt, daß das ehemals verlassene Dorf El Pinar demnächst mit einer Trinkwasserleitung versorgt werden soll, damit eine Wiederbesiedlung erleichtert wird) ist es auch der wöchentliche Einkauf bei Biobauern oder im Städtchen Los Llanos, der – nach der Busfahrt – immerhin noch runde 400 m Höhenunterschied über 4,5 km Länge hinaufbewegt werden muß. Sollte das Benzin einmal ausgehen oder das alte Vehikel seinen Geist aufgeben, haben wir nun ein Lastenfahrrad, das Gottfried für diesen Zweck entsprechend ausgestattet und uns als »Notfahrzeug« hiergelassen hat.

Grundsätzlich gehe ich zu Fuß, so weit es nur möglich ist. Das dürfte immer noch die sinnvollste und zugleich gesündeste und ökologischste Fortbewegungsart sein, weil das Immunsystem dabei sichtlich gestärkt und die Körperphysiologie harmonisiert wird. Erst danach kommt erwiesenermaßen das Fahrradfahren, das bei diesen Höhenunterschieden trotz der Zwölf-Gang-Schaltung doch beachtliche Kraftanstrengungen erfordert. Nun, wir sind froh, daß wir es hier haben, und es wird sich noch manche Gelegenheit – auch ohne Not, hoffe ich – ergeben, es zu benutzen. Das Auto soll wirklich keinen Kilometer mehr gefahren werden als unbedingt notwendig, nachdem ich weiß, daß jeder Meter Autofahrt rund vier Kubikmeter Atemluft über den Grenzwert hinaus vergiftet.

Global denken –
individuell handeln

In der oft heftigen Diskussion mit den verschiedensten Öko-Gruppierungen kommen manchmal Pauschalmeinungen hoch, die alles auf einmal fordern (und wenig bis nichts erreichen). Ich habe, zugegeben, eine Aversion gegen allzu pauschale Grundsatzmeinungen, weil sie meist überhaupt nicht weiterführen.

Wenn es schon heißt: »Wenn alle Biowaren essen wollen, reicht es hinten und vorne nicht.« Oder: »Wenn alle nur noch 30 km/h fahren würden, gäbe es noch mehr Verkehrsverstopfung«, was überhaupt nicht stimmen kann, denn wenn wirklich *alle* die gleiche Geschwindigkeit einhalten, gibt es einen gleichmäßigen Verkehrsfluß, welcher die Straßenkapazität zum einen voll auslasten kann und zum zweiten das Fahren nicht mehr zum aggressiven Angriff auf Leben und Gesundheit der am Straßenverkehr Teilnehmenden ausarten läßt. Ähnliche Prämissen finden sich bei dem Verkehrskonzept von Prof. Dr. Peter Bergen (der seine Recherchen recht bescheiden eine »Vorstudie« nennt, obwohl es meiner Einschätzung nach ein Jahrhundert-Verkehrsentwurf sein dürfte!). Nach seinen Vorstellungen fahren alle Züge mit der gleichen Geschwindigkeit, was psychologisch betrachtet für die verkehrsbesessenen Mitmenschen unter uns sicher eine einzige Provokation sein dürfte.

Die absoluten »Fundis« in der ökologischen Szene wehren sich bei solchen Gesprächen schon von vornherein gegen eine Verkehrsverlagerung von der Straße auf die Schiene, weil sie meinen, damit würde der (zugegeben in vielerlei Hinsicht sinn- bis nutzlosen) Massenproduktion und dem daraus folgenden Massentransport kein Riegel vorgeschoben. Das ist sicher auch zutreffend, aber zu absolutistisch gedacht. Wer alles gleich mit einem Schlag ändern will, muß eine (unfriedliche) Revolution anzetteln und durchpauken. Mir ist jedoch noch lange nicht jedes Mittel recht, um sinnvollere Zukunftslösungen zu ereichen. Eine gute Zukunft kann nur friedlich und in kleinen Schritten verwirklicht werden. Das ist meine tiefste Überzeugung. Wer den eigenen Bruder totschlägt, weil dieser die vielleicht wirklich bessere (hier: ökologischere) Lösung nicht akzeptiert, läd mehr Schuld auf sich, als jede ökologisch-humane Lösung an greifbarem Nutzen je bieten kann. Aus Gewalt kann nichts Gutes erwachsen. Es kann doch nicht darum gehen, auf »Teufel komm raus« Ökologie durchzusetzen, koste es, was es wolle. Meines Erachtens kommt es eben auch darauf an, *wie* wir bessere, zukunftsträchtigere und langfristig verantwortbare Lösungen und Wege angehen und immer mehr Verbündete und freiwillig Mitmachende begeistern. Der Weg und das Wie sind also keineswegs aus den Augen zu verlieren!

Die Erzeugung und den Transport von Massengütern grundsätzlich zu revidieren und massiv einzuschränken, wäre sicherlich wünschenswert; es geht aber nur freiwillig und setzt ein ökologisches Bewußtsein voraus, das bei der Masse der Verbraucherinnen und Verbraucher derzeit noch nicht so ausgeprägt erkennbar ist und von der überwiegenden Mehrheit des politischen Machtinstrumentes (welcher Couleur auch immer) derzeit noch nicht artikuliert wurde; ganz davon abgesehen fehlen hierzu (leider) auch noch die gesetzlichen Grundlagen. Also bleibt doch derzeit nur der an sich unlogische, aber friedliche Weg, die ohnehin auf uns zurollenden Massengüter dorthin zu verlagern, wo sie geringeren Schaden anrichten, nämlich von der Straße auf der Schiene.

Solarfahrzeuge – »Feigenblatt« oder Grundsatzlösung?

Das gleiche gilt für die zum Teil geharnischte Kritik an der gut gemeinten Werbung für mehr Solarfahrzeuge, die die mit Verbrennungsmotor betriebenen Vehikel ersetzen sollen.

Hier muß jedoch grundlegend unterschieden werden: Da gibt es jene weiterhin schweren und energiefressenden (das gilt auch für die Sonnenenergie) Fahrzeuge, die lediglich auf Strom umgerüstet werden – egal wo er herkommt – und die möglichst ebenso schnell (sprich: unfallträchtig) ausgelegt sein »müssen«, weil die Phantasie und Bereitschaft der Mehrzahl der Benutzerinnen und Benutzer für eine andere Denk- und Fortbewegungsart (noch) nicht ausreicht. Diese Art von Elektro-Fahrzeugen sind wirkliche Vorzeigeobjekte der Stromgiganten bzw. der konventionellen Hersteller von Massenfahrzeugen.

Daß es jedoch auch anders geht, beweist die zwar viel zu langsam, aber dafür stetig wachsende Zahl der echten Solarfahrzeuge, bei denen grundsätzlich nur das an Strom verfahren werden sollte, was direkt von der Sonne vorher gewonnen wurde. Diese Voraussetzung wird bei den wirklichen Solarfahrzeug-Rennen gefordert und meßbar kontrolliert. Es gibt sogar neuerdings sehr feinfühlige Meßinstrumente, die den aus der Steckdose fließenden Strom genau nach seiner Erzeugungsart (einem Art »Stallgeruch«) zu unterscheiden vermögen und die Stromzufuhr automatisch kappen können, wenn bei der Entnahme beispielsweise Atomstrom zu fließen beginnt.

Solarstrom soll deutlich preiswerter werden

Gewiß wird auch die bisherige Art der Solarstrom-Erzeugung (nach photovoltaischer Art) verbreitet als im Grunde wenig effizient und von vornherein auch ziemlich umweltbelastend kritisiert. Das müssen wir, die wir den Solarstrom befürworten, zunächst einmal so akzeptieren oder zumindest stehenlassen bzw. im Hinterkopf behalten – und nach Abhilfe sinnen!

Ich muß auch zugeben, daß mein technisches Verständnis da nicht ausreicht, um tatsächlich »mitreden« zu können – ich kann nur zitieren, was klügere Köpfe in dieser wichtigen Sache anzumerken haben.

In der »Süddeutschen Zeitung«[16] beispielsweise wird unter dem Titel »Neue Technik verspricht billigen Solarstrom« beschrieben, daß im Argonne-Nationallabor in den USA eine neue, elektrisch leitende Kunststoffolie entwickelt worden sei, die zu besonders günstigen Kosten zukünftig Solarenergie liefern soll. Diese Folie lasse sich wie eine Tapete zusammenrollen und ebenso beliebig in der Sonne ausbreiten. Dieser Kunststoff soll pro Watt installierter Leistung etwa hundertmal weniger kosten als die bisher bekannten und angewandten Photovoltaik-Techniken und außerdem rund 70 % der einfallenden Sonnenlichtenergie in elektrischen Strom ummünzen können. Speziell entwickelte Moleküle verwandeln hier das Sonnenlicht in bewegliche elektrische Ladungen. Diese Moleküle bestehen aus drei Teilen: Ein Porphyrin, das die Aufgabe hat, die Lichtenergie zunächst einmal einzufangen, und zwei weitere, die dann elektrisch negativ bzw. positiv geladen werden und dadurch als molekulare Spannungsquelle dienen.

»Die Botschaft hör ich wohl... «, allein: Wie lange wird es wohl noch dauern, bis daraus anwendbare Alltagslösungen auf dem Markt erscheinen (und nicht von den herkömmlichen Energiekonzernen aufgekauft werden, um in irgendwelchen Schubladen zu verschwinden)?

Das Kontra-Signal: »Mobil ohne Auto!«

Ein kleines Kontra-Signal wird mit der Aktion »Mobil ohne Auto« gesetzt, die alljährlich um den internationalen Umwelttag am 5. Juni herum stattfindet. [17]

Ich selbst möchte nicht alles absolut am Auto aufhängen und suche lieber sinnvolle und machbare Alternativlösungen – beispielsweise ein anderes Auto bzw. genauer eine andere Art eines sinnvollen und verantwortbaren »Fortbewegungsmittels« (vgl. »Carbike« S. 125). Nur durch nachvollziehbare, echte Alternativen werden wir friedlich umweltfreundlichere Lösungen finden, und immer mehr Menschen begeistern und zum Mitmachen motivieren können. Es lohnt sich also, sich nicht *gegen* das Bisherige (zugegeben Umweltbelastende), sondern vielmehr *für* die besseren Lösungen unsere Energie einzusetzen!

Neues »Holz-Zeitalter«
statt weiterhin Energie-Nonsens

Gerade heute, als ich wieder an diesem Buch arbeite, flattert mir das »Freiburger Manifest« des »Mit-Welt-Pressedienstes« neben die Schreibmaschine. Ich zitiere gerne daraus, weil sich auch hier einige Kenner konkrete Verbesserungsgedanken über den bisherigen Energie-Nonsens gemacht und das überzeugend dargestellt haben: »Wir führen zur Zeit einen dritten Weltkrieg gegen die Natur«, faßt der bekannte Fernsehjournalist Franz Alt Ende Januar 1995 auf dem internationalen Symposium in Freiburg/Brg. zum Thema »Zukunft Erde – Solarstrategie und neues Holz-Zeitalter« den derzeitigen Stand der ökologischen Krise zusammen; dies belegt er mit eindrucksvollen Zahlen: Beispielsweise werden Tag für Tag 100 Millionen Tonnen Kohlendioxid (CO_2) in die Luft geblasen. »Dabei haben wir alle Alternative dieser Welt«, so Franz Alt. Allein die Sonne liefert jeden Tag zehn- bis fünfzehntausend mal mehr Energie, als alle (derzeit) sechs Milliarden Menschen täglich auf der Erde verbrauchen (richtiger wäre wohl zu sagen: »als derzeit insbesondere von den sogenannten »zivilisiert« lebenden Menschen derzeit verbraucht bzw. auch größtenteils verschwendet wird). Immerhin, bei dieser pauschalen Globalrechnung sind die Möglichkeiten der Wind-, Wasser- und Biomassenutzung noch nicht mitgerechnet. »Das neue Holz-Zeitalter liegt in der Luft«, meint Franz Alt abschließend (was sicher symbolisch zu verstehen ist!).

Diese These belegte der Direktor des Instituts für Forstpolitik der Universität Freiburg, Prof. Dr. Karl-Reinhard Volz, anhand des nachwachsenden Naturmaterials Holz mit seiner umweltpositiven Kreislaufwirtschaft auch zahlenmäßig, weil eine steigende, überlegte Holznutzung auch zu einer stärkeren Bindung des Treibhausgases CO_2 führt. Ein Kubikmeter Holz enthält demnach 255 kg Kohlenstoff, was einem CO_2-Äquivalent von 935 kg entspricht. Allein der jährliche, bisher ungenutzte Holzzuwachs in den deutschen Wäldern würde bei einem langfristigen Einsatz (sicher nicht nur als Bauholz, Anmerkung des Autors) zu einer Minderung des jährlichen CO_2-Ausstoßes von 20 Millionen Tonnen im Jahr führen. Soweit diese Hochrechnungen der Experten.

»Heliotrop« als High Tech-Holzbau

Anlaß zu diesem Freiburger Treffen – zu dem sich rund hundert Fachleute aus der Kommunalpolitik, der Architektur, der Ingenieurwissenschaft, dem Energiesektor, den Unternehmen, den Universitäten und der Presse aus Deutschland, Italien, Österreich, der Schweiz und Finnland einfanden – war die Fertigstellung des »Heliotrops«, eines drehbaren, der Sonne nachführbaren, dreigeschossigen Holzturms des Architekten Rolf Disch, der vor einem Jahrzehnt schon einmal die Aufmerksamkeit der Weltöffentlichkeit mit einer originellen Serie von Solarfahrzeug-Prototypen erregte.

Mit seinem High Tech-Holzhaus-Turmbau zu Freiburg demonstriert er viele derzeit bereits mögliche Verfahren zur Sonnenenergiegewinnung und -verwertung, wobei der ökologische Baustoff Holz voll mit einbezogen wird. Mit seinem Heliotrop erzeugt er mittels Sonnenkraft bis zu sechsmal mehr Strom, als das Haus – selbst bei einem großzügigen Energieverbrauch – benötigt. In der Fachwelt soll das Heliotrop als Musterbeispiel für eine optimierte Energiebilanz für die Zukunft gelten.[18] Allerdings melden die noch tiefer schauenden Baubiologen ob soviel Technik (mit Metall und Motoren im Haus) nicht zu überhörende Bedenken an. Grobstoffliche Energieersparnis reicht sicher nicht aus, um dem feinstofflich energetisch sensiblen Wesen Mensch im allgemeinen, am wenigsten Kindern und Frauen, wirklich ganzheitlich gerecht zu werden!

Das Ergebnis des Symposiums sind sieben Forderungen an die Regierungen der europäischen Staaten, die einen Anstoß zur Energiewende bieten sollen und im »Freiburger Manifest« veröffentlicht wurden. Das Ziel ist es, Unterschriften von vielen bewußten Mitbürgerinnen und Mitbürgern zu sammeln, die diese ökologische Wende zugunsten ihrer Kinder und Kindeskinder unterstützen – damit die Erde bewohnbar bleibt! Im folgenden die Kernpunkte dieses Manifestes, das den Kindern dieser Erde (also allen Menschen) gewidmet ist.

Das »Freiburger Manifest«

Die Klimaveränderung mit ihren unübersehbaren Folgen wird insbesondere durch die Verbrennung fossiler Energierohstoffe ausgelöst. In einem Jahr verfeuert die Menschheit so viel Kohlenstoff, wie die Natur in rund 500 000 Jahren durch Photosynthese abgespeichert hat. Im Vorfeld der UN-Klimakonferenz 1995 in Berlin fordern die Unterzeichnenden des »Freiburger Manifestes«:

1. Durch Maßnahmen der Öffentlichkeitsarbeit soll die Bevölkerung über die großen Gefahren der heraufziehenden Klimakatastrophe, aber auch über die erheblichen Chancen aufgeklärt werden, die ein ökologischer und ökonomischer Strukturwandel bietet. Nur ein Bewußtseinswandel der Bevölkerung kann die notwendige politische Akzeptanz gewährleisten und zu Änderungen im Verhalten jedes und jeder Einzelnen führen.

2. Minderung der CO_2-Emissionen durch Energieeinsparung und bessere Nutzung der Arbeitsfähigkeit der Energie. Schwerpunkte: Verkehr, Stromerzeugung, Haushalte und Industrie.

3. Für einen größeren Wärme- bzw. Kältebedarf sollten nur Kraft-Wärme- bzw. Kälte-Kopplungsanlagen mit hoher Stromkennzahl bereitgestellt werden, um so die CO_2-Emissionen aus der Stromerzeugung deutlich zu senken.

4. Forcierte Förderung der regenerativen Energiequellen, insbesondere der Sonnenenergie zum Heizen, Kühlen und zur Stromerzeugung, der Wasserkraft, der Windenergie und der energetischen Nutzung der Biomasse.

5. Einstellung aller Subventionen für fossile und nukleare Brennstoffe sowie Abbruch aller umweltzerstörerischen Abbaumethoden.

6. Vermehrte Kohlendioxid-Bindung durch weltweite Aufforstung und nachhaltige Bewirtschaftung der Wälder, einschließlich der Tropenwälder, durch vermehrten Einsatz des Werkstoffes Holz sowie Substitution von energieintensiven Rohstoffen durch Holz.

7. Entwicklung einer ökologisch orientierten Kreislaufwirtschaft mit einer Neuausrichtung des Preis- und Steuersystems. Die Preise für Energie und Rohstoffe müssen an ihrer Ökobilanz orientiert sein.

Des weiteren wird im »Freiburger Manifest« festgestellt: Die Technologien für den geforderten Umbau des Energiesystems sind größtenteils bereits vorhanden oder können kurzfristig entwickelt werden. Die Erstfinanzierung der geforderten Schritte kann leicht aus Finanzmitteln unsinniger Rüstungsprogramme (z. B. des Eurofighter 2000 mit seinem Finanzbedarf von 6,8 Milliarden DM für die Entwicklung sowie 111 Milliarden DM für 600 Einheiten davon) erfolgen.

Im Rahmen einer ökosozialen Marktwirtschaft können durch Maßnahmen des Klimaschutzes neue Arbeitsplätze geschaffen werden (90000 Arbeitsplätze z. B. durch das Klimaschutzprogramm der SPD vom Januar 1995). Im Jahresbericht 1995 des Worldwatch-Instituts wird darauf hingewiesen, daß der Raubbau an der Natur mit seinen verheerenden ökologischen Folgen auch die Wirtschaftsleistung eines Landes erheblich einschränkt. Schon früher hat dieses Institut nachgewiesen, daß durch regenerative Energiequellen erzeugter Strom zweieinhalb- bis fünfeinhalbmal mehr Menschen Arbeit gibt als Atomstrom.

Die Erstunterzeichner in Freiburg waren: Dr. Franz Alt, Dipl.-Ing. Hermann Blumer (CH), Architekt Rolf Disch, Dr. Sidney Nielsen, Hannu Niemi (Finnland), Dipl.-Ing. Wolfgang Ruske, Dr. Hermann Scheer (MdB), Architekt Werner Troß und Dr. Arnold Tolle.[19]

Wachsende Häuser aus lebenden Bäumen...

Wie es der »Zufall« will, kommt just im Juli 1995 wieder einmal Michael Haberer vorbei, der Ende der 80er Jahre zwei schöne Lehmdetails in der skurrilen Wohnküche gestaltet hatte. Ich traf ihn mal dazwischen im Taunus, wo er stellvertretend für den bekannten Biotekten Rudolf Doernach wachsende Baumhäuser in einem spontanen Vortrag in Kransberg vorstellte.

Mir blieb von damals haften, daß entsprechend so dicht gepflanz-
te Bäume, die durch Rinden-Berührung zusammenwachsen, nicht
„genehmigungs"-pflichtig sind, weil sie nach herkömmlicher Bauvorschrift (zunächst) ja keine Gebäude darstellen. Das imponierte
uns Zuhörenden gewaltig (ob die gewachsenen Baumhäuser letztlich – nach Bauvorschrift – bewohnt werden dürfen, ist zunächst
jedoch weiterhin offen).
Michael experimentierte während seines Architekturstudiums zwischendurch mit Zirkus- bzw. Bauwagen-Siedlungen, sogenannten
Wagen-Burgen, wobei er leider überwiegend herbe Enttäuschungen hinnehmen mußte, was die Toleranz von Anrainern und manchen Behörden betraf (hier scheinen die »Anti-Zigeuner-Gesetze«
und Verordnungen aus der braunen Vergangenheit noch mächti-
ge, tiefsitzende emotionale Urständ zu feiern.)
Immerhin hat er inzwischen Tausende von Bäumen für wachsende Baumhäuser gepflanzt und möchte das alte Wissen, das der
legendäre Arthur Wiechula als Naturbau-Ingenieur wohl etwa um
die Jahrhundertwende und bis in die 30er Jahre hinein entwickelte, wieder aktualisieren. Aus den beiden antiquarischen Schriften
„Wie baue ich mir selbst Holzhäuser unter Mitwirkung der Natur?« und „Wachsende Häuser – aus lebenden Bäumen bestehend«
mit 92 bildlichen Darstellungen und 69 Abbildungen und Tafeln,
die Michael von Arthur Wiechula als Verfasser aufstöberte und
mir glücklicherweise kopiert hinterlies, bezog er das Grundwissen
über diese weitreichende Ideen-Konzeption. Denn wieviele solcher wachsenden Baumhäuser Wiechula wirklich selbst gebaut hat,
war zum Zeitpunkt seines Besuches bei uns (noch) nicht klar fest-
stellbar.
Nun machte er die Baumschule Herran (Adresse siehe Anhang)
ausfindig, die nach der Wiechula-Konzeption heute noch vorgezo-
gene lebende Gitterzäune (als »Jägerzaun« bekannt) herstellt und
anbietet. Diese lebenden, verwachsenen Zaunteile aus Japanlär-
che, gemeiner Esche, Eschenahorn und Weide, können mit den
Wurzelstöcken gekauft und sofort an Ort und Stelle eingepflanzt

werden. Wer sich und der Hecke drei bis vier Jahre mehr Zeit lassen will und kann, pflanzt sie selbst an.

Damit wäre dem Argument zu begegnen, daß solche wachsenden Baumhäuser allenfalls für die Enkel, vielleicht noch für die Kinder irgendwann beziehbar sind – während diejenigen, die diese Lebensbauwerke anpflanzen, nur pflanzen und gießen, schneiden und einflechten dürfen... Michael entgegnete diesem Haupt-Gegenargument mit der Feststellung, daß er grundsätzlich schnellwachsende Baumsorten (übrigens nur Laubbäume, soweit ich das überblicke!) bevorzuge und daß bei extrem dichter Pflanzweise und bei gegebenenfalls vorgezogenen, d .h. bereits zusammengewachsenen Bäumchen (die bereits rudimental erkennbare zukünftige Hauswände darstellen) leicht zehn und mehr Jahre „Baumhaus-Wachszeit« gewonnen bzw. eingespart werden könnten.

Also, da wären wir wieder bei der allgemein so sehr kritisch gesehenen Hausbauzeit insgesamt angelangt. Da bin ich mit meinen rund elf Jahren Hausbauzeit ja noch ein schneller Hausbauer gewesen.

Alles ist also relativ, vor allem das Zeitliche!

Welche Perspektiven hat die Menschheit noch auf diesem Planeten?

Ehrlich gesagt: Ich weiß es auch nicht. Eine pauschale Gesamtantwort kann ein einzelner – angesichts der Fülle von Pro- und Contra-Fakten – ohnehin nicht geben. Auch Expertenteams tun sich da schwer, weil alles menschliche Wissen irgendwo begrenzt ist und nur Teilaspekte erkennbar werden. Es wäre leichtfertig, daraus eine verbindliche, alles beinhaltende Antwort finden zu wollen.

Aber weil der Mensch sein Bestens nur geben und das irgend Mögliche nur erreichen kann, wenn er noch einen Schimmer Hoffnung hat, will ich mit meinen unvollkommenen Orientierungsmöglichkeiten trotzdem versuchen, meine Vorstellungen zu artikulieren, so wie ich sie heute zu erkennen vermag und wie sie mir als Anleitung und Hinweis derzeit dienen. Andere müssen wohl ihre eigenen Antworten suchen und finden. Aber auch was ich heute erkenne und mit meinen bescheidenen Mitteln und Möglichkeiten so gut es eben geht umzusetzen versuche, kann sich morgen schon als unzureichend und korrekturbedürftig erweisen. Mit dieser Einstellung bleibe ich im Fluß des Lebens; so kann ich auf das mir heute noch Unbekannte und morgen Erforderliche am sinnvollsten und flexibelsten eingehen.

Nichts erscheint mir absolut, alles relativ. Gott sei dank und trotz vieler, überwiegend negativer Meldungen und Nachrichten – Zeitungen und Negativ-Multiplikatoren habe ich vor Jahren schon abbestellt, und trotzdem erfahre ich doch alles wirklich Wesentliche, wenn auch vielleicht einige Tage, Wochen oder Monate später

– gibt es doch auch noch viel Schönes, Gutes und Angenehmes. Daß gestern und heute, nach wochenlangem Regen, wieder strahlend schön wie am ersten Schöpfungstag die Sonne scheint, ist für mich durchaus nicht mehr so selbstverständlich, wie ich es früher sah (genauer gesagt machte ich mir überhaupt keine Gedanken darüber). Erst als ich nach und nach erkannte, daß es kaum etwas gibt, was wir Menschen nicht verunstalten und in ein Negativ-Beispiel verkehren können, habe ich gelernt, dankbar zu werden und mich immer wieder selbst zu ermahnen, es auch trotz alledem zu bleiben.

Wer das generelle menschliche Verhalten in seinen Ein- und Auswirkungen insgesamt näher betrachtet und sich eigene Gedanken darüber macht, findet tausend Gründe, entsetzt, erschrocken, verzweifelt, wütend, resigniert, schwermütig oder lethargisch zu sein und sogar lebensmüde zu werden. Es gibt aber überraschend viele Möglichkeiten und grundsätzlich auch hoffnungsvolle Entwicklungen – wenn man nach besseren Alternativen sucht, für den schwächsten Hoffnungsschimmer offen bleibt, sich und anderen Zeit läßt, das bisher weniger Gute zukünftig besser zu machen, überhaupt anfängt, in größeren Zeiträumen und Intervallen zu denken, wenn man gelernt hat, für das Gewesene und Gegenwärtige dankbar zu sein, und gespannt bleibt, was morgen oder im nächsten Jahr an Herausforderungen und Aufgaben bevorsteht.

Als wir Ende der 70er Jahre die ersten »Müsli-Wochenendkurse« im Taunus durchführten, konnten wir uns bei aller Phantasie nicht vorstellen, daß es heute, rund zwanzig Jahre später, in jedem Supermarkt Müsli zu kaufen geben würde. Als ich die Zahlen des Statistischen Bundesamtes von 1993 las, wo neutral dokumentiert wurde, daß (für unsere Begriffe *erst*) rund fünf Prozent aller Häuser Biohäuser waren, war ich ehrlich enttäuscht, ja verbittert, wenn ich an die Milliarden Bausummen dachte, die für nicht-menschenwürdige Häuser und Wohnungen aufgewendet wurden.

Jetzt höre ich bei der jüngsten Sitzung des Arbeitskreises für Bildung im Internationalen ECOHB-Baubiologen-Netzwerk in Röns/

Vorarlberg Anfang Juni 1995 staunend, daß einer der größten Baumarktketten in Österreich völlig auf ökologisch neutral geprüfte Baustoffe umstellen will und seine Zulieferer, die »normale«, ungeprüfte Baumaterialien anbieten, damit in einen nicht vorstellbaren Zugzwang bringt, insbesondere als die neutralen Öko-Prüflabors auf Monate hinaus Wartezeiten haben. Ende Mai besuchte ich als Journalist das 3. Symposion über »Öko-Textilien« im Internationalen Kulturzentrum in Achberg. Ich traute meinen Augen und Ohren nicht, als ich dem Programm entnahm, daß jene Textil-Imperien, die bislang normale Textilien anboten, nach und nach auf ökologische und sogar auch langlebige Textilien umstellen. Alnatura-Chef Dr. Götz E. Rehn, als Nachfolger der derzeit im Trend liegenden, recht egozentrischen und oft verschwenderischen Wohlstandsgesellschaft, zeichnete bereits die aus höherer Einsicht und in selbstverständlichem Einklang mit Natur und anderen Planetenbewohnern handelnde Erkenntnisgemeinschaft als noch zart schimmernde Morgenröte an den Himmel der Zukunft.

Angesichts dieser guten Zeichen und eingedenk der Tatsache, daß bereits Hunderttausende unterwegs sind, sollten wir nicht so kleingläubig auf das vordergründig Ungute, aber Entwicklungsbedürftige und -fähige starren, sondern öfters den Blick über unsere engen eigenen Grenzen erheben. Gewiß ist eines: Es kann vieles entschieden besser werden, wenn wir alle am eigenen Platz und mit unseren eigenen Fähigkeiten und Möglichkeiten das Bessere anstreben und uns davon auch durch die alltäglichen Widrigkeiten nicht abbringen lassen. Überhaupt: Gemeinsam sind wir stärker. Da fällt mir – außer dem Martin Luther zugeschriebenen Zitat des »Apfelbäumchenpflanzens, auch wenn morgen die Welt unterginge« abschließend nur noch Dietrich Bonhoeffers Aussage ein, die er angesichts seines nahen Todes im Kerker niederschrieb:

Von guten Mächten wunderbar geborgen
erwarten wir getrost was kommen mag,
Gott ist mit uns am Abend und am Morgen
und ganz gewiß an jedem neuen Tag.

Anmerkungen

1) Die dafür am besten geeignete daumendicke Strangwolle (mit einer reißfesten Jute-Seele innen) wird in größeren Gebinden geliefert von: Seehawer OHG, Sonnenhalde, 72070 Tübingen; Tel. 07472-3019, Fax: 24207

2) Inzwischen ist hierzu ein Video inclusive Computer-Farbtest erhältlich. Bezugsquelle: Deutsche Verlags-Anstalt GmbH, Neckarstr. 121, 70190 Stuttgart

3) Vgl. Dr. Heinz Schulz: Wärme aus Sonne und Erde (Literaturliste); von Dr. Heinz Schulz sind übrigens Listen über alle dort erprobten Öko-Energietechniken inklusive preiswerten Rundholz-Ständerwerken mit Bauanleitungen zu beziehen. Adresse: Dr. Heinz Schulz, Landtechnik Weihenstephan, Vöttingerstr. 36, 85354 Freising/Obb.

4) Vgl. Dr. med Hauschka: Ernährungslehre (Literaturliste)

5) Vgl. Claudia Lorenz-Ladener: Naturkeller (Literaturliste)

6) Der Wasserwirbler wird in verschiedenen Ausführungen und mit Dusche-Handgriff geliefert (Beratung gegen einen mit 2 DM frankierten Freiumschlag)

7) Das Dagn-Gerät gibt es als Vorschraubversion für jeden Auslaufhahn oder zentral direkt nach der Wasseruhr einbaubar (Bezug siehe Informationsstellen)

8) Unsere gesamten Erfahrungen zu diesem Gesamtkomplex inklusive eines Typen-Vergleichs der weltweit bekannten und bewährten Systeme können unter dem Stichwort »Trinkwassereinsparung durch Trockenkomposttoiletten« gegen eine Schutzgebühr von 12 DM beim ÖMA angefordert werden.

9) Vgl. »Krank durch Elektrosmog« (siehe Literaturliste)

10) Hausführungen finden an bestimmten Samstagnachmittagen zu festgelegten Zeiten statt und dauern etwa zwei Stunden (Sonderführungen ab 10 Personen nach Absprache). Wegeskizze und Termine können telefonisch erfragt oder gegen Freiumschlag angefordert werden bei: Öko-Modellhaus, 88147 Achberg, Tel.: 08380-677. (Überraschungsbesuche sind übrigens schwer zu verkraften, da wir ein volles Pensum zu bewältigen haben, so daß meist keine Zeit für zusätzliche Spontan-Plaudereien bleibt.)

11) Wäschestampfer: Adresse siehe Informationsstellen

12) Sonderinfo Teichbau gegen 10 DM Vorauskasse beim ÖMA erhältlich

13) Ausführliche Informationen über »Ansprüche, Pflege und Nutzung der Heil- und Würzkräuter aus dem eigenen Garten« bei: AID-Info-Dienst, AID-Schrift Nr. 1192/1990, Konstantinstraße, 53179 Bonn (gratis); Wildkräuterfarm Hof Berggarten, 79737 Großherrischwand (5 DM Schutzgebühr in Briefmarken); Blauetikett Bornträger GmbH, 67591 Offstein. Die beiden Letztgenannten liefern auch Pflanzen in Containern und versenden vorab Liefer- und Preislisten. Sehr gute Informationsschriften (weit über die Kräuterspirale hinausreichend) versenden vierteljährlich die Abtei Fulda, Nonnengasse 16, 36037 Fulda sowie der Verlag Maria & Matthias Thun, 35205 Biedenkopf/Lahn (jährlich neu erscheinende »Aussaattage«).

14) »Die Kräuterspirale«, Sondernummer April 1991 der »Permakultur-Mitteilungen«, hrsg. vom Permakulturinstitut e.V., Rosenanger 42, 31595 Steyerberg. Lediglich beim Teichbau bin ich – nach dem Bau von 12 verschiedenen Kräuterspiralen – zum Teil anderer Ansicht (z.B. würde ich nie einen alten Lkw-Reifen als Teichrand »entsorgen«!), und auch »Bauschutt« habe nie verwendet, außer Ziegelbruch.

15) HPV Deutschland e.V. (Postfach 2004, Erlangen).
Eine Broschüre der HPV-Deutschland stellt serienmäßig hergestellte, also käuflich erhältliche Liegeräder vor und ist bei der Liegerad-Datei (Heidestraße 8, 53840 Troisdorf) erhältlich; ebenso Auskünfte über regionale HPV-Gruppen und einzelne »Liegeradler« aus der Wohnort-Umgebung (alles gegen einen frankierten, adressierten und mit mindestens 3 DM bestückten Rückumschlag).
Ein Herstellerheft bietet die Liegerad-Datei – samt einschlägigen Informationen – gegen eine Schutzgebühr von 7 DM.
Die »HPV-Nachrichten« erscheinen quartalsweise mit Tests, Veranstaltungsberichten und weiterführenden theoretischen Grundlagen in dem recht vielseitigen Fahrrad-Magazin »Pro Velo« (Pro Velo-Verlag, Riehtweg 3, 29227 Celle)

16) »Neue Technik verspricht billigen Solarstrom«, Süddeutsche Zeitung (SZ 50/252)

17) Nähere Informationen hierzu sind erhältlich vom Kirchlichen Forschungskreis, Mittelstraße 33, 04600 Wittenberg sowie der recht informativen Schrift »Verkehr – Bewahrung der Schöpfung«, Arbeitsheft 5, herausgegeben von der Arbeitsgemeinschaft der Umweltbeauftragten der EKD (Evangelische Kirchen Deutschlands).

18) Veranstalter dieses Symposiums waren übrigens Eurosolar e.V., die Solar-Agentur Freiburg, Finnforst OY/KERTO, Lohja und das Forum Holz.

19) Die ausführliche Dokumentation kann als Tagungsband (48 DM) beim Initiator des Symposiums, Dipl.-Ing. Wolfgang Ruske, angefordert werden. Adresse: Forum Holz, Seidenweberstraße 35, 41189 Mönchengladbach. Unter der gleichen Adresse kann auch das »Freiburger Manifest« (mit Unterschriftsliste auf der Rückseite) gegen Freiumschlag angefordert werden.

Informations- und Beratungsstellen

Baumschule Herran, Küferstr. 15, A-6973 Höchst,
Tel.: 0043-5578-5603, Fax: 3606

Berger Biotechnik, Juliusstr. 27, 22769 Hamburg,
Tel.: 040-4397875, Fax: 437848 (»Clivus-Multrum«-Komposttoiletten)

Black & Decker (Heimwerker-Katalog), 65510 Idstein/Taunus

Car Sharing Deutschland Genossenschaft, c/o Rolf Buschner,
Fockestr. 45, 04275 Leipzig, Tel.: 0341-312861

Dachverband Lehm e. V. , Bauhausstraße 7b, Postfach 1172,
99425 Weimar, Tel. und Fax: 03643-552153 (Lehmbau-Fachtagungen,
Nachweisliste von Lehmbaufirmen und -beratungsstellen sowie Fach-
referenten, internationale Lehmbaukontakte)

Dagn-Umwelttechnik GmbH, Wiesenweg 2, 83410 Laufen,
Tel.: 08682-9441, Fax: 95828

ECOHB -Globales Netzwerk der baubiologischen Institute für gesundes Bauen und Wohnen. General Administration, St. Gallerstraße 28,
CH-9230 Flawil (SG/Switzerland),
Tel.: 07183-2255 (9-12 h), Fax: 2256 (Internationale Kongresse; zukünftig auch Baumaterial-Prüfkatalog nach baubiologischen Grundsätzen
auf Disketten)

Farbenmühle, Dr. Georg Kremer, 88317 Aichstetten/Allgäu,
Tel.: 07565-1011 oder 1604, Fax: 1606

FEB – Forschungslabor für Experimentelles Bauen an derUniversität
Gesamthochschule Kassel, Mönkebergstr. 19, 34130 Kassel

Haberer, Michael, Naturbaumhäuser, Triesch 3, 36214 Bauhaus,
Tel.: 06627-8764

IBN – Institut für Baubiologie Ökologie, Holzham 25,
83115 Neubeuern, Tel.: 08035-2039, Fax: 8164
(baubiologische Literatur, Fernlehrgang, Prüflabor,
Hausuntersuchungen und Beratungen)

IBO – Institut für Baubiologie und Ökologie Österreich,
Landstraßer Hauptstraße 67, A-1030 Wien;
Tel. 0043-0222-7120996-0, Fax 0043-0222-7120997
(baubiologische Kongresse, Prüflabor und Beratungen inklusive
spezielle Schriften)

IBR – Internationales Institut für Baubiologie, Heiliggeiststr. 56, 83110 Rosenheim (Baubiologische Beratungen, Fachzeitschrift »Gesünder wohnen«, Fernkurs)

Kraus, Hans-Bernd, Königstr. 29, 52064 Aachen (Lehmputz-Spritztechnik)

Krötz, Roger, Lehmbildhauer/Lehmofenbauer, Benediktstr. 22, 86947 Weil-Beuerbach, Tel.: 08195-758

Loeffel, Heinz, (alias Henrico Le Fel), Architekt für Spiralenhausbau, Apatado 552, E-38760 Los Llanos (Canarias), Tel.: 0034-22-408126, Fax: 462162

Makita-Elektrowerkzeuge, 47269 Duisburg

Meyer-Solartechnik, 88682 Salem-Beuren

Oehler, Ulrich, Sonnenkocher-Systeme ULOG, Morgartenring 18, CH-4054 Basel

Öko-Modellprojekt Achberg (ÖMA), Hohbuchweg 10, 88147 Achberg, Tel.: 08380-677, Fax: 418 (Beratungen – inklusive Komposttoiletten-Systeme sowie Planung und Bau von Kräuterspiralen –, Vorträge außerhalb, Hausführungen zu bestimmten Terminen bzw. Sonderführungen nach Absprache)

Popp, Dr. Fritz-Albert, Technologie-Zentrum, Biophysikalisches Institut, Opelstraße, 67661 Kaiserslautern-Siegelbach

Seehawer OHG, Sonnenhalde, 72070 Tübingen, Tel.: 07472-3019, Fax: 24207

Senkel, Reinhard, Architekt, Reisachmühle 1, 87439 Kempten-Heiligkreuz, Tel.: 08370-1897, Fax: 8652

Steiner, Joseph, Hypotherm-Thermal-Heizsysteme, Stauwerkstr. 23, A-3370 Ybbs/Donau

Wäschestampferfabrikation: Reinhold Decker, Kaiserstr. 17, 73760 Ostfildern (Nellingen), Tel.: 0711-349975, Fax: 3430715

Waschbär Umweltprodukt Versand GmbH, 79093 Freiburg; Tel.: 0761-1306140 oder 1306100, Fax: 1306150

Wasserwirbler nach dem System Schauberger-Martin über ÖMA (Info gegen 2 DM Freiumschlag)

Literatur

Zeitschriften / Aufsätze

Institut für Baubiologie und Ökologie, Neubeuern (IBN):
- ○ »Gesünder wohnen durch biologisches Bauen« (25 Grundregeln der Baubiologie), Heft Nr. 6, 1/1995
- ○ »Krank durch Elektrosmog«,1992
- ○ »Gesundes Wohnen« (Schriftenreihe), 29 spezielle Buchtitel und Schriften zum Thema »Baubiologie Ökologie« (Literaturliste anfordern!)
- ○ Sonder-Info »Fernlehrgang Baubiologie«

»Wohnung + Gesundheit«, Fachzeitschrift, 4 Hefte/Jahr, (Hrsg.: IBN)

Lebensgarten Steyerberg (Hrsg.): »Kräuterspiralen« (Anleitung zum Selbstbau). Bezug: Permakulturinstitut e.V., Rosenanger 42, 31595 Steyerberg

Lehmann, Paulus J.: »Trinkwasser-Einsparung durch Trockenkompost-Toiletten«, Ökomodell-Projekt Achberg – eine vergleichende Darstellung und Bewertung aus den Erfahrungen mit vier verschiedenen Grundsystemen, mit praktischen Anleitungen für den Selbstbau, 1994 (gegen Schutzgebühr von 12 DM im voraus)

Oehler, Lise und Ulrich: »Das Kochen mit dem Sonnenofen« (Tips & Rezepte), Morgartenring 18, CH-4054 Basel

ULOG-Gruppe: »Solar-Ofen ULOG – zum Kochen und Backen in nicht-tropischen Gebieten« (Anleitung zum Selbstbau), ULOG, Morgartenring 18, CH-4054 Basel, 2. aktual. Aufl. 1993

Bücher

Bell, Graham: **Permakultur praktisch**, Schritte zum Aufbau einer sich selbst erhaltenden Welt, pala-verlag 1994

Bell, Graham: **Der Permakultur-Garten**, Anbau in Harmonie mit der Natur, pala-verlag 1995

Ebert, Hans P.: **Heizen mit Holz – in allen Ofenarten**,
ökobuch Verlag, 3. verbess. Aufl. 1993

Erven, Heinz: **Meine Hochbeete**, Eigenverlag Heinz Erven 1992;
Bezug: Ursula Venator, Am Paradies 4, 53424 Remagen

Grasse, Ellen: **Traum, Tod und Transzendenz**,
Droemersche Verlagsanstalt 1994, Knaur-TB-Nr. 86043

Hauschka, Dr. med. Rudolf: **Ernährungslehre**,
Vittorio Klostermann-Verlag, 9. Aufl. 1989

Hug, H.R. und Sulzer, H.D. (Hrsg.): **Beiträge zur
Lehmbauforschung**, Institut für Hochbautechnik,
ETH Zürich (ISBN 3-7281-1594-0)

Kolb, Bernhard: **Beispiel Biohaus – Bio- und Solarhäuser im
deutschsprachigen Raum**, Blok Verlag, 4. Aufl. 1994

Kolb, Bernhard: **Mit Lehm gebaut**. Ein Lehmhaus im Selbstbau,
Blok Verlag 1986

Ladener, Heinz und Humm, Othmar: **Solare Stromversorgung**,
ökobuch Verlag, 5. überarb. und erw. Aufl. 1994

Ladener, Heinz: **Solaranlagen**, ökobuch Verlag, 2. Aufl. 1993

Lehmann, Paulus J.: **Die Kleidung – unsere zweite Haut**,
Access-Verlag, Königstein Ts.1980, 3. erw. Aufl. 1991

Lehmann, Paulus J.: **Gesunde Kleidung**, IBN-Verlag, Neubeuern,
4. Aufl. 1992

Lehmann, Paulus J.: **Naturkleidung**, Waldthausen-Verlag, 2.Aufl. 1994

Loeffel, Heinz: **Die Baukunst der Spirale** (bionische Bauformen –
Hausbau der Zukunft), IBN-Verlag 1995

Lorenz-Ladener, Claudia: **Kompost-Toiletten**, ökobuch Verlag,
2. Aufl. 1993

Lorenz-Ladener, Claudia: **Naturkeller**, ökobuch Verlag, 3. Aufl. 1993

Minke, Gernot: **Lehmbau-Handbuch**, ökobuch Verlag 1994

Mollison, Bill: **Permakultur konkret**, Enwürfe für eine ökologische
Zukunft, pala-verlag, 2. aktual. Aufl. 1994

Niemeyer, Richard: **Der Lehmbau und seine praktische
Anwendung**, Nachdruck des Originalwerks von 1946,
ökobuch Verlag 1993

Popp, Dr. Fritz-Albert: **Die Botschaft unserer Nahrung**, Knaur-TB-Verlag 1993

Rohr, Richard und Ebert, Andreas: **Das Enneagramm - die neun Gesichter der Seele**, Claudius-Verlag, 1995

Schillberg, Klaus und Knieriemen, Heinz: **Naturstoff Lehm – Moderne Lehmbautechniken in der Praxis**; Bauen und Sanieren mit Naturmaterialien, AT-Verlag Aarau (CH) 1993

Schorndorfer, Pitt und Schöning, Susi: **Konservierung - natürlich und gesund**, pala-verlag, 3. Aufl. 1994

Schulz, Heinz: **Der Savonius-Rotor**, ökobuch Verlag 1989

Schulz, Heinz: **Kleine Windkraftanlagen**, ökobuch Verlag, 2. erw. Aufl. 1993

Schulz, Heinz: **Wärme aus Sonne und Erde**, ökobuch Verlag, 3. neu bearb. und erw. Auflage 1994

Schwabe, Karl-Hermann und Rother, Guntram: **Angewandte Baubiologie – Beispiele aus der Praxis**, Oesch Verlag, Zürich, 1993

Sieber, Heinz Georg (Hrsg.): **Baustoff Lehm** (Sammlung von Lehmbauverfahren und Baunormen von A. Reimann), C.F. Müller Verlag 1994

Stenhorst, Peter: **Heißes Wasser von der Sonne**, ökobuch Verlag 1994

Thun, Maria und Matthias: **Aussaattage** – aus der Konstellationsforschung erarbeitet und zusammengestellt, M. Thun-Verlag, 35205 Biedenkopf/Lahn, 33.Jhrg., ISBN 3-928636-10-3 (erscheint jährlich neu)

Ulmer, Günter Albert: **Krank durch Wellen- und Elektrosmog?** Günter A. Ulmer Verlag, 1994

Volhard, Franz: **Leichtlehmbau – alter Baustoff, neue Technik**, C.F. Müller Verlag, 5. Aufl. 1994

Wagner, Carl E.: **Jeder ist einmalig**, Frederiksen & Weise Verlag, 1992

Weigel, Gisela und Wenzel, Franz: **Die entschleierte Aura**, Aquamarin Verlag, 3. Aufl. 1991

Weilmünster, Rudi Ph.: **Praxis der Pyramidenenergie**, S. Naglschmid-Verlag, 5. erw. Aufl. 1990

Andere Bücher aus dem pala-verlag

Magda-Helene Schröder:
Unser Mulchgarten
ISBN: 3-923176-67-8

Magda-Helene Schröder:
Unser Mulchgarten
ISBN: 3-923176-89-9

Ruth Stout:
Mulch – Gärtnern ohne Arbeit
ISBN: 3-923176-91-0

Gerda Dzialas: **Obst und Gemüse
aus dem eigenen Garten**
ISBN: 3-923176-97-x

Permakultur im pala-verlag

Bill Mollison:
Permakultur I
ISBN: 3-923176-04-x

Bill Mollison:
Permakultur konkret
ISBN: 3-923176-60-0

Graham Bell:
Permakultur praktisch
ISBN: 3-923176-92-9

Graham Bell:
Der Permakultur-Garten
ISBN: 3-89566-102-3

Vollwertig, vegetarisch, gesund